随筆

桜の城

池田大作
DAISAKU IKEDA
President,Soka Gakkai International

執筆中の筆者

まえがき

少年《しょうねん》の日、私の一つの夢《ゆめ》は、日本中の駅《えき》に、桜《さくら》の木《き》を植《う》えてみたい、ということであった。

あの駅にも、この駅にも、春爛漫《はるらんまん》と、桜の花《はな》を咲《さ》かせたならば、人々の心《こころ》は、どれほどか、晴《は》れやかになるだろうか。

幾千幾万《いくせんいくまん》の「桜の城《しろ》」をつくりたい――。

暗《くら》い戦争《せんそう》の時代にあって、小《ちい》さい頃から、私は、平和《へいわ》への願《ねが》いを、桜の花に託《たく》してきた一人《ひとり》である。

いつの年だったたか、懐《なつ》かしい市ケ谷《いちがや》の創価学会本部分室《ぶんしつ》から、わが師《し》である戸田城聖《じょうせい》先生と一緒《いっしょ》に、散歩《さんぽ》した。

一陣《いちじん》の風《かぜ》に、青《あお》い空《そら》に映《は》えて咲《さ》き匂《にお》う桜《さくら》の枝《えだ》が、白《しろ》き波《なみ》のごとく揺《ゆ》れた。

先生は、お堀端《ほりばた》に佇《たたず》み、笑《え》みを浮《う》かべて、「厳寒《げんかん》の冬《ふゆ》を耐《た》えて、また、あの桜が咲いたな」と言われた。

ご自身《じしん》も、厳《きび》しい寒夜《かんや》を耐えて迎《むか》えられた春《はる》であった。「冬は必《かなら》ず春となる」と、つぶやくように語《かた》られた言葉は、私の胸《むね》にずっしりと納《おさ》まった。

桜は咲く時を知り、散《ち》る時を知る。

「桜の花《はな》の咲くころに死《し》にたい」と告《つ》げておられた先生は、生涯《しょうがい》の願業《がんぎょう》をすべて成《な》し遂《と》げ、その言葉の通りに逝《ゆ》かれた。一九五八年（昭和《しょうわ》三十三年）の四月二日のことである。

この大英雄《だいえいゆう》の姿《すがた》は、弟子《でし》たちの心《こころ》のなかに、「われ人生《じんせい》に勝ちたり。汝《なんじ》らもかく生きよ！　断《だん》じて生き抜け！」と、厳《げん》として教《おし》えてくださったように思えてならない。

四月八日の告別式《こくべつしき》の日、目黒《めぐろ》の御自宅《ごじたく》を出発《しゅっぱつ》した御遺体《ごいたい》にお供《とも》して、車《くるま》は青山《あおやま》墓地《ぼち》の満開《まんかい》の桜並木《さくらなみき》を通った。

落花紛々《らっかふんぷん》、白《しろ》い雪《ゆき》のごとく花《はな》びらが舞《ま》い、荘厳《そうごん》なる王者《おうじゃ》の葬列《そうれつ》を包《つつ》んだ。


日蓮大聖人は、仏《ほとけ》の尊極《そんごく》な生命《せいめい》が人間に具《そな》わる譬《たと》えとして、「さくら《桜》はをもしろき物《もの》・木《き》の中《なか》よりさきいづ」（御書一四九二ページ）と仰《おお》せである。

「さくら」は、その名《な》の中に「咲《さ》く」意志《いし》を宿《やど》している。それと同じように、人の胸深《むねふか》くにも、開花《かいか》のその時を待《ま》つ、尊《たっと》き人生《じんせい》と使命《しめい》の花が宿っている。一《いっ》生《しょう》とは、いかなる風雪《ふうせつ》にも耐《た》え抜き、人が見ようが見まいが、自《じ》分自身《しん》の生命の花を、悔《く》いなく咲かせ切っていくことではないだろうか。


信濃町《しなのまち》の学会本部前には、たくましき腕《うで》のように豊《ゆた》かな枝《えだ》を広げた「青年桜」が、万朶《ばんだ》と咲き誇《ほこ》る。

樹齢《じゅれい》は何年になるであろうか、ともかく立派《りっぱ》な風格《ふうかく》のソメイヨシノである。

三十年ほど前、この桜の傍《かたわ》らにあった青年会館が改築《かいちく》される時に、伐採《ばっさい》の話《はなし》が出た。

しかし、私は反対《はんたい》した。「自然《しぜん》を大事《だいじ》にしていきたい。あとになって、必《かなら》ず〝残《のこ》してよかった〟と思う時が来るよ」と。

いま、本部を訪《おとず》れる方々《かたがた》は、感嘆《かんたん》の声《こえ》をあげて、この大樹《たいじゅ》を仰《あお》ぐ。二十一世紀《せいき》を担《にな》う〝花《はな》の青年部〟もかくあれと、私は見つめている。

沖縄《おきなわ》の平和墓地公園《へいわぼちこうえん》は、日本一早《はや》く桜《さくら》が咲《さ》く名所《めいしょ》・本部町《もとぶ》に、昨年（一九九九年）、開園《かいえん》した。桜の山・八重岳《やえだけ》に抱《いだ》かれ、碧《あお》き大海原《おおうなばら》を一望《いちぼう》する。

この〝桜墓園〟の「永遠平和《えいえん》の碑《ひ》」の除幕《じょまく》を見守りながら、私は「もう二度と、沖縄に戦争《せんそう》はない。絶対《ぜったい》にできない！」と宣言《せんげん》した。

創価大学にも、東西《とうざい》の創価学園にも、私は多くの桜を植樹《しょくじゅ》した。開学《かいがく》当初の小《ちい》さな苗木《なえぎ》も、今や、十重二十重《とえはたえ》の燃《も》え立つような「桜の園《その》」となった。

創価の学舎《まなびや》は、さながら花の雲上《うんじょう》にそびえる知性《ちせい》と青春の城《しろ》となって、今年《ことし》も新入生《しんにゅうせい》を迎《むか》えている。

「創価」とは、また「創華《そうか》」である。

それは、遙《はる》かな万年《まんねん》の未来《みらい》へ、人類平和《じんるいへいわ》と価値創造《かちそうぞう》の人華《にんげ》の園《その》を広げていくことだ。

万人《ばんにん》が、苦悩《くのう》と不幸《ふこう》の冬《ふゆ》を乗《の》り越《こ》え、人生《じんせい》の勝利《しょうり》の春《はる》を謳歌《おうか》しゆくことだ。

わが創価の宝《たから》の城《しろ》は、御聖訓《ごせいくん》のままの苦難《くなん》を生き抜き、勝ち抜いてきた、師弟《してい》の誇《ほこ》りと民衆《みんしゅう》の歓喜《かんき》の桜花《おうか》で彩《いろど》られた、永遠《えいえん》の桜《さくら》の城なのである。

私が、この本《ほん》の題《だい》を『桜の城』とさせていただいた理由《りゆう》も、そこにある。

ここに収《おさ》めた三十数編《すうへん》は、一九九八年（平成《へいせい》十年）の一月、私が七十歳を迎《むか》えた時から、「随筆《ずいひつ》　新・人間革命」と題《だい》して、聖教新聞に、発表《はっぴょう》してきたものである。

医者《いしゃ》から「三十歳まで生きられない」と言われた私が、全世界《ぜんせかい》を舞台《ぶたい》に、いよいよ元気《げんき》に戦《たたか》っている。しみじみと、「更賜寿命《きょうしじゅみょう》」「不老不死《ふろうふし》」の妙法の大功力《だいくりき》を実感《じっかん》する。

「随筆《ずいひつ》」とは「筆《ふで》に随《したが》う」と書くごとく、折々《おりおり》の心境《しんきょう》そのままに、自由に筆をとってきたが、いつしか数巻《すうかん》の本《ほん》ができる分量《ぶんりょう》になった。

今回《こんかい》は、そのなかから、師弟《してい》の黄金《おうごん》の闘争《とうそう》で築《きず》いてきた創価の歴史《れきし》を綴《つづ》ったもの、また、わが同志《どうし》との共戦《きょうせん》の歩《あゆ》みを記《しる》したものを中心に収録《しゅうろく》し、これに、わが創価大学、創価学園の若《わか》き友《とも》らに贈《おく》った長編詩《ちょうへんし》二編を加《くわ》えさせていただいた。

なお、ここに未収録の随筆のなかには、あまりにも多忙《たぼう》なため、十分《じゅうぶん》、推敲《すいこう》できないまま、紙面《しめん》に掲載《けいさい》してしまったものもあった。時間のゆとりができた時に、大幅《おおはば》に添削《てんさく》させていただくつもりであることを、ご了承《りょうしょう》いただきたい。

結《むす》びに、「随筆」のカットを担当《たんとう》してくださった、画家《がか》の内田健一郎《うちだけんいちろう》・文子《ふみこ》ご夫妻《ふさい》に謝意《しゃい》を表《ひょう》するとともに、連載中《れんさいちゅう》、聖教新聞社の前谷秀学記者《まえたによしのりきしゃ》らの多大《ただい》な協力《きょうりょく》を得《え》たことを感謝《かんしゃ》する。

二〇〇〇年四月吉日

著　者

目次

挿画　内田健一郎・文子

随筆　桜の城

本書は、聖教新聞に掲載された、「随筆　新・人間革命」と「長編詩」を、著者の了解を得て、『随筆　桜の城』として収録したものです。

冒頭の年月日は、掲載日を記しました。なお、組織、役職等は、掲載時のままにしました。

——編集部

師とともに

「創価の世紀」の開幕

この一年 太陽の如《ごと》く 富士の如く

一九九九年一月六日

元初《がんじょ》の太陽は輝《かがや》き
久遠《くおん》の月光《げっこう》は
満天《まんてん》に冴《さ》えわたる。
真白《ましろ》き鎧《よろい》を着飾《きかざ》った
富士《ふじ》を見つめつつ
快晴《かいせい》つづきの
帝王《ていおう》の正月《しょうがつ》であった。

この元朝《がんちょう》、私が、妻《つま》とともに、八王子《はちおうじ》の東京牧口記念会館に向かう車中《しゃちゅう》、中央高速《こうそく》の三鷹《みたか》の先から、悠然《ゆうぜん》たる白雪《はくせつ》の富士《ふじ》が近づいてきた。

確《たし》かに、厳然《げんぜん》としながら、喜《よろこ》びと品格《ひんかく》と信念《しんねん》の衣《ころも》を着た、名山《めいざん》である。

静《しず》かなる光《ひかり》に輝《かがや》き、豊《ゆた》かにして厳然たる心《こころ》をもてる勇姿《ゆうし》は、人間どもの愚《おろ》かな仕業《しわざ》を厳《きび》しく見つめているようであった。その崇高《すうこう》な大画《たいが》の如《ごと》き富士の王者《おうじゃ》の生命《せいめい》を、私たちは、正月《しょうがつ》の間《あいだ》、久方《ひさかた》ぶりに毎日、見ることができた。まるで「創価の世紀《せいき》」の開幕《かいまく》を宣言《せんげん》しゆく万古《ばんこ》不変《ふへん》の指揮《しき》をとる姿《すがた》であった。

この偉大《いだい》なる一年も、私は尊《とうと》き同志《どうし》が、一人《ひとり》も孤独《こどく》にならず、法戦《ほうせん》の戦列《せんれつ》から離《はな》れず、億劫《おくごう》の功徳《くどく》と生命の力《ちから》を刻《きざ》みゆくことを祈りたい。

歓呼《かんこ》して
　君と立ちゆく
　　創価かな

この正月《しょうがつ》の光《ひかり》の夜は、願《ねが》いと望《のぞ》みを包《つつ》みこんでくれる大月天子《だいがってんし》の美光《びこう》に、熱《あつ》い精神《せいしん》はいやされた。

新年に寄《よ》せて、私は、大切《たいせつ》な尊《とうと》き同志《どうし》である友人《ゆうじん》たちに、和歌《わか》、俳句《はいく》を数多《かずおお》く贈《おく》らせていただいた。

いつしか百首《ひゃくしゅ》を超《こ》えておったようである。

新年になると、戸田先生と共に正月を迎《むか》えたことが、あまりにも懐《なつ》かしく思い出される。

先生は、必《かなら》ずご自身《じしん》が作《つく》られた「新年の歌」を詠《よ》んでくださった。

ご逝去《せいきょ》の前年、青年部にいただいた「荒海《あらうみ》の　鯱《しゃち》にも似《に》たる　若人《わこうど》の　広布《こうふ》の集《つど》い　頼《たの》もしくぞある」（一九五七年＝昭和《しょうわ》三十二年）等の、懐かしきお歌を思うと、先生の叫《さけ》びが、わが胸《むね》に轟《とどろ》き渡《わた》る。

なかでも、一九五五年（同《どう》三十年）のお歌は忘《わす》れることができない。

妙法の　広布《こうふ》の旅《たび》は　遠《とお》けれど
　共に励《はげ》まし　共々に征《ゆ》かなむ

この年頭《ねんとう》、私たちは、大晦日《おおみそか》の真夜中《まよなか》から、友情《ゆうじょう》も深《ふか》き、不二《ふに》の同志《どうし》でもある青年部の代表と共に、総本山《そうほんざん》に先発《せんぱつ》した。

先生のご到着《とうちゃく》は、夕刻《ゆうこく》であった。その夜の会合で、先生は、男女青年部のリーダーたちを呼《よ》び集め、ご自作《じさく》の「新年の歌」を朗詠《ろうえい》するように求《もと》められた。その青年たちをご覧《らん》になりながら、自分自身《じしん》と共に、絶対《ぜったい》に不退転《ふたいてん》の心《こころ》で、師弟《してい》不二の心で、広宣流布《こうせんるふ》への長征《ちょうせい》をするか、否《いな》かを、厳格《げんかく》に見極《みきわ》めておられた。

先生の弟子《でし》に対する叱咤《しった》は厳《きび》しかった。何人かの不逞《ふてい》の弟子は、先生の叱咤に感情的《かんじょうてき》になり、反感《はんかん》をもって去《さ》っていった。今も、その法理《ほうり》は同じである。

師の叱咤は、真実《しんじつ》の信念《しんねん》の人間であるか、否かを、区別《くべつ》する重要《じゅうよう》な指導であり、この瞬間《しゅんかん》が永遠《えいえん》の明確《めいかく》な鍵《かぎ》になっていることを、弟子達は知らないのである。

嘲《あざけ》りと侮《あなど》りを忍《しの》び、胸《むね》の嘆《なげ》きを共にしゆく、無名《むめい》にして不滅《ふめつ》の偉大《いだい》な弟子《でし》を、先生は心《こころ》から欲《ほっ》しておられた。

また、先生は、気高《けだか》き「師弟《してい》の道《みち》」を歩《あゆ》みゆく弟子を、見つけていた。さらに、不可能《ふかのう》を可能にしゆく信念《しんねん》の弟子を、訓練《くんれん》していかれた。

そしてまた、百万の強敵《ごうてき》が襲《おそ》いかかろうとも絶対《ぜったい》に崩《くず》れぬ弟子を、先生は薫陶《くんとう》し、見抜《みぬ》いていっておられたのである。

その夜の会合が終《お》わると、先生の瞳《ひとみ》には、熱《あつ》き涙《なみだ》が伝《つた》わっていた。

当時、学会の世帯数《せたいすう》は約十七万。こ

の決然《けつぜん》と立った、仏法による民衆《みんしゅう》運動の台頭《たいとう》に対し、経文《きょうもん》の仰《おお》せ通りに「三類《さんるい》の強敵《ごうてき》」の毒々《どくどく》しき姿《すがた》が顕《あらわ》れ始めていた。

先生は、その前途《ぜんと》の多事多難《たじたなん》を鋭《するど》く見据《みす》えて、鉄の信念《しんねん》の弟子《でし》を、盤石《ばんじゃく》な団結《だんけつ》の同志《どうし》のスクラムを決意《けつい》されていた。

「御義口伝《おんぎくでん》」には、「共の一字《いちじ》は日蓮に共する時は宝処《ほうしょ》に至《いた》る可《べ》し」（御書七三四ジペー）と、仰せである。

仏意仏勅《ぶついぶっちょく》の学会と「共に」、偉大《いだい》なる同志と「共々に」——これこそ、忘《わす》れ得《え》ぬ、いな、永遠《えいえん》に忘れてはならぬ学会精神《せいしん》である。

ところで、私自身《じしん》が、毎年のように、「新年の歌」を全同志に贈《おく》らせていただくようになったのは、「第七の鐘《かね》」を鳴《な》らし終え、名誉会長に就任《しゅうにん》した翌年《よくねん》の一九八〇年（昭和《しょうわ》五十五年）からである。

この創立《そうりつ》五十周年の新春《しんしゅん》は、戸田先生が見抜《みぬ》いた通りの反逆《はんぎゃく》の弟子、また、先生亡《な》きあとの学会を、今こそ乗《の》っ取ろうとする狡猾《こうかつ》な坊主《ぼうず》どもが暗躍《あんやく》していた。

さらに、彼らが俗悪《ぞくあく》なマスコミと結託《けったく》して、私を倒《たお》さんとする謀略《ぼうりゃく》と迫害《はくがい》の嵐《あらし》の渦中《かちゅう》で迎《むか》えた新年であった。

しかし、私は、せめて一言《ひとこと》でも、全同志《ぜんどうし》を励《はげ》ましたいと、筆《ふで》をとった。

幾山河《いくさんが》　ふたたび越《こ》えなむ　ともどもに
　広宣《こうせん》の旗《はた》　厳《げん》と　いだきて

戸田先生が「妙法の広布《こうふ》の旅《たび》は遠《とお》けれど……」と詠《よ》まれてから、ちょうど二十五年後であった。

また、先生の「雲《くも》の井《い》に　月こそ見んと　願《ねが》いてし　アジアの民《たみ》に　日《ひかり》をぞ送《おく》らん」（一九五六年＝昭和《しょうわ》三十一年）とのお歌も、私の胸奥《きょうおう》から離《はな》れたことはない。

その時、私は、この歌を、先生の遺言《ゆいごん》として生命《せいめい》に刻《きざ》んだ。そして、「東洋《とうよう》広布」に、「世界広布《せかいこうふ》」に、わが生涯《しょうがい》をかけたのである。以来、四十三星霜《せいそう》――。

一つ、また一つ、金《きん》の道《みち》をつくり、銀《ぎん》の道を築《きず》き、新《あたら》しき世紀《せいき》の、堂々《どうどう》たる世《せ》界広布《かいこうふ》の完成《かんせい》への土台《どだい》をつくり上げた。

時来《きた》りて、多くの世界の著名人《ちょめいじん》たちも、この偉業《いぎょう》を讃嘆《さんたん》している。また全世界の同志《どうし》の苦難《くなん》は、今や、崩《くず》れざる幸福境涯《こうふくきょうがい》の生命《せいめい》をつくり上げている。

その「場」こそ、本有寂光土《ほんぬじゃっこうど》の源泉《げんせん》であると、仏法は説《と》いている。

ここには、時を超《こ》え、空間《くうかん》を超え、広布の讃歌《さんか》が、こだまし始めてきている。

そして、平和《へいわ》の虹《にじ》のうえに、大空《おおぞら》高く、祝福《しゅくふく》の勝鬨《かちどき》が響《ひび》き始めてきた。

荒《あ》れ狂《くる》う怒濤《どとう》も越《こ》えてきた。険難《けんなん》の山河《さんが》も乗《の》り越えてきた。我らは、あまたの嵐《あらし》にも勝ちに勝った。遂《つい》に、我らの「勝利《しょうり》」と「栄光《えいこう》」の陣列《じんれつ》は、煌々《こうこう》と昇《のぼ》りゆく太陽と共に、また厳然《げんぜん》と、愉快《ゆかい》に前進《ぜんしん》するにちがいない。

瞳《ひとみ》輝《かがや》く崇高《すうこう》なる使命《しめい》をもつ　わが同志を思いつつ

合掌《がっしょう》

日に日に新たに

〝第三の青春〟を勇猛精進《ゆうみようしようじん》で

一九九八年一月四日

新《あたら》しき年。偉大《いだい》な境涯《きようがい》の旭日《きよくじつ》は昇《のぼ》る。

正月《しようがつ》二日――。東京牧口記念会館にて、敬愛《けいあい》するわが友《とも》と、「民衆勝利《みんしゆうしようり》の年」の出発《しゆつぱつ》を飾《かざ》ることができた。

この日は、私の七十歳の誕生日《たんじようび》である。個人的《こじんてき》なことながら、世界《せかい》の同志《どうし》が祝福《しゆくふく》してくださった。申《もう》し訳《わけ》なく、また嬉《うれ》しい。

小説《しようせつ》『新・人間革命』第一巻の単行本《たんこうぼん》も、この日付《ひづけ》で発刊《はつかん》。少《すこ》しでも皆の励《はげ》みになればと願《ねが》う。出版《しゆつぱん》の労《ろう》をとられた関係者の方々《かたがた》、そして、読者《どくしや》の皆様に心《こころ》から感謝申《かんしゃもう》し上げる次第《しだい》である。

かつて、三十歳の誕生日《たんじょうび》を約一月後《やくひとつきご》に控《ひか》えた、懐《なつ》かしき日記《にっき》に、私は、こう記《しる》していた。

「先生と共に戦《たたか》い、進《すす》み、生きぬくこと以外に、私の人生《じんせい》はない。師《し》ありて、われあるを知る」（一九五七年＝昭和《しょうわ》三十二年十二月四日）

病弱《びょうじゃく》のため、医師《いし》から、三十歳まで生きられないだろう、と言われた、わが生命《いのち》。

戸田先生は、そんな私を誰《だれ》よりも心配《しんぱい》され、厳愛《げんあい》の指導を続けてくださった。

激《はげ》しき法戦《ほうせん》の明《あ》け暮《く》れ。病《やまい》に苦《くる》しみ、疲労困憊《ひろうこんぱい》した私に、先生は言われた。

「三障四魔《さんしょうしま》との戦いだ。泣《な》いて、御本尊にぶつかれ！　そして、すべてを、打開《だかい》せよ！」

「いつ臨終《りんじゅう》になっても、悠然《ゆうぜん》と、従容《しょうよう》たる人生であれ、信心であれ」

生命《せいめい》を貫《つらぬ》く、厳父《げんぷ》の声《こえ》であった。

また、ある時は、「私の命《いのち》をやろう！　生き抜け！　私に代《か》わって、断《だん》じて生き抜け！」とも言ってくださった。

師《し》に生命《せいめい》を吹《ふ》き込《こ》まれ、病魔《びょうま》の宿命《しゅくめい》に打ち勝ち、迎《むか》える三十歳。

私は、その感慨《かんがい》を胸《むね》に、十年ごとの人生《じんせい》の来《こ》し方《かた》と未来《みらい》の指標《しひょう》を、さらに日記《にっき》につづっている。

十歳まで……平凡《へいぼん》な漁師《りょうし》（海苔製造《のりせいぞう》業《ぎょう》）の少年《しょうねん》時代

二十歳まで……自我《じが》の目覚《めざ》め、病魔との闘《たたか》い

三十歳まで……仏法の研鑽《けんさん》と実践《じっせん》。病魔《びょうま》の打破《だは》への闘《たたか》い
四十歳まで……教学《きょうがく》の完成《かんせい》と実践の完成
五十歳まで……社会への宣言《せんげん》
六十歳……日本の広布《こうふ》の基《き》盤《ばん》完成

しかし、日記《にっき》には、六十歳から先のことは、触《ふ》れていない。それ以上、生き抜けるとは、当時の私は、とうてい、考えられなかったからである。

私が体調《たいちょう》を崩《くず》し、検査入院《けんさにゅういん》したのも、恩師《おんし》の逝去《せいきょ》の年齢《ねんれい》にあたる五十八歳が、目前《もくぜん》の晩秋《ばんしゅう》であった。

先生がご存命《ぞんめい》ならば、間《ま》もなく九十八歳。先生の命《いのち》を分けていただいての、わが「更賜寿命《きょうしじゅみょう》」の七十星霜《せいそう》なりと、しみじみ思う。

かのユゴーは、七十歳で小説《しょうせつ》『九十三年』の制作《せいさく》に着手《ちゃくしゅ》。またトルストイは、七十歳の頃、名作《めいさく》『復活《ふっかつ》』の執筆《しっぴつ》に没頭《ぼっとう》した。

牧口先生は、七十歳になられてすぐ、機関紙《きかんし》『価値創造《かちそうぞう》』を創刊《そうかん》。新《あたら》しき言論《げんろん》戦《せん》の火蓋《ひぶた》を切られた。

私も今、『新・人間革命』第八巻の執筆《しっぴつ》に余念《よねん》がない。間《ま》もなく、連載《れんさい》も再開《さいかい》となる。

ここに、六十歳以降《いこう》の、わが人生《じんせい》の歩《あゆ》みと推測《すいそく》を記《しる》せば、たとえば、次の如《ごと》くなる哉《かな》。

七十歳まで……新しき人間主義《しゅぎ》の哲理《てつり》を確立《かくりつ》
八十歳まで……世界広布《せかいこうふ》の基盤完成《きばんかんせい》なる哉
このあとは、妙法に説《と》く不老不死《ふろうふし》のままに、永遠《えいえん》に広宣流布《こうせんるふ》の指揮《しき》をとることを決意《けつい》する。

ゲーテは、七十余歳の時の詩《し》にうたった。
「『教《おし》えてほしい　いつまでもあなたが若《わか》い秘密《ひみつ》を』

何でもないことさ　つねに大《おお》いなるものに喜《よろこ》びを感じることだ」(「不老長寿《ふろうちょうじゅ》の薬《くすり》」内藤道雄訳)

わが生涯《しょうがい》は、広宣流布《こうせんるふ》への大いなる旅路《たびじ》。眼前《がんぜん》には、二十一世紀《せいき》の、希望《きぼう》の山《やま》並《な》み。

〃第三の人生《じんせい》〃とは〃第三の青春〃の異名《いみょう》である。

「日に日に新《あら》たに、また日に新たなり」(『大学』)

この一年も、勇猛精進《ゆうみょうしょうじん》の日々をと、断固《だんこ》と誓《ちか》う。

「3・16」の大儀式を偲びつつ

我は師弟の誓《ちか》いを果《は》たせり

一九九八年三月八日

我は、師弟《してい》の誓いを果たしたり。
我は、同志《どうし》の誓いを果たしたり。
我は、わが信念《しんねん》の目的《もくてき》を果たしたり。
富士《ふじ》の裾野《すその》に集《つど》いし、あの日から、新《あたら》しき広宣流布《こうせんるふ》の回転《かいてん》は始まった。
この日は寒《さむ》かった。
秀麗《しゅうれい》なる富士が、堂々《どうどう》と見守っていた。

「3・16」の儀式《ぎしき》は、晴《は》れ晴《ば》れとしていた。

戸田先生が、若《わか》き青年部に、確《たし》かに、広宣流布《こうせんるふ》をバトンタッチすると宣言《せんげん》なされた。若き弟子《でし》たちの心《こころ》は燃《も》えた。使命《しめい》は炎《ほのお》と燃え上がった。

一九五八年（昭和三十三年《しょうわ》）のあの日、余命幾《よめいいく》ばくもなき、我らの師《し》・戸田城聖《じょうせい》先生のもとに、六千名の若き弟子が集まった。

皆、生き生きと、この日を祝《いわ》った。日本中から集《つど》った若き広宣の健児《けんじ》が、握手《あくしゅ》をしたり、肩《かた》を叩《たた》いたり、談笑《だんしょう》している姿《すがた》は、未来《みらい》の勝利《しょうり》を勝ち取った喜《よろこ》びの姿に見えた。

あの日から、四十周年の不滅《ふめつ》の歴史《れきし》が流《なが》れた。

この年の三月、一カ月間にわたり、先生のご生涯《しょうがい》の総仕上《そうしあ》げともいうべき、数々《かずかず》の行事《ぎょうじ》が続いていた。

二月末《まつ》、先生ご到着《とうちゃく》。お体《からだ》の具合《ぐあい》は甚《はなは》だ悪《わる》い。何度も医師《いし》を呼《よ》ばねばならぬ状況《じょうきょう》であった。しかし、病篤《やまいあつ》き広布《こうふ》の師の声《こえ》は、厳然《げんぜん》として鋭《するど》かった。

「大作、絶対《ぜったい》に、私の側《そば》から離《はな》れるな。いいか、四六時中《しろくじちゅう》、離れるな！」

思えば、先生は常《つね》に「私のいる所が本部だ」と言われていた。

早朝《そうちょう》から深夜《しんや》まで、師《し》は私を呼《よ》ばれた。時には、午前三時ということもあった。急《いそ》ぎ駆《か》けつけると、先生は「大作は、隼《はやぶさ》のようだな」と一言《ひとこと》。先生をお守りするため、そのまま一日、寝《ね》ずに駆け回ったこともあった。

前年十一月に倒《たお》れられた時も、「大作はいるか！　大作はいるか！」と、私を呼ばれ続けた先生。

恩師《おんし》は、その病《やまい》を乗《の》り越《こ》えられ、三カ月後の二月十一日、五十八歳のお誕生日《たんじょうび》には、快気祝《かいきいわ》いをされた。医師《いし》も驚《おどろ》くほどの、奇跡的《きせきてき》な回復《かいふく》ぶりであった。妙法の大功力《だいくりき》を実証《じっしょう》されたのである。

しかし、先生の命《いのち》は、燃《も》え尽《つ》きんとしていた。死《し》の方向《ほうこう》へと進《すす》んでいた。それを知るは、先生ご自身《じしん》と、真正《しんせい》の弟子《でし》である私だけであった。

三月一日、先生は、私に言われた。

「大作、あとはお前だ。頼《たの》むぞ！」

それから間《ま》もなく、こう提案《ていあん》された。

「三月十六日に、広宣流布《こうせんるふ》の模擬試験《もぎしけん》、予行演習《よこうえんしゅう》ともいうべき、式典《しきてん》をしておこう！」

先生は、再起《さいき》は不能《ふのう》であり、自《みずか》らが、再《ふたた》び広宣流布の陣頭指揮《じんとうしき》をとることはできないと、悟《さと》られていた。

御聖訓《ごせいくん》には「命限《いのちかぎ》り有《あ》り惜《おし》む可《べ》からず遂《つい》に願《ねが》う可きは仏国也《ぶっこくなり》」（御書九五五ページ）と、仰《おお》せである。

「3・16」は、その御遺命《ごゆいめい》のままに生き抜かれた先生の、不惜《ふしゃく》の精神《せいしん》を永遠《えいえん》にとどめ、受け継《つ》ぐ儀式《ぎしき》であった。また、先生から私へ、広宣流布の印綬《いんじゅ》が渡《わた》される二人《ふたり》の式典であり、師弟《してい》の不二《ふに》の儀式であった。

私は、その深《ふか》い意義《いぎ》を噛《か》み締《し》めつつ、いっさいの責任《せきにん》を担《にな》い、全力《ぜんりょく》で大儀式の準備《じゅんび》にあたった。

先生のお体《からだ》は、日ごとに衰弱《すいじゃく》されていったが、「3・16」を迎《むか》えるまでは、私に、青年に、後事《こうじ》を完璧《かんぺき》に託《たく》すまではと、必死《ひっし》に、死魔《しま》と闘《たたか》われた。

私は、常《つね》にお側《そば》に随《したが》い、師《し》にお仕《つか》えした。先生は、幾度《いくど》となく、私を呼《よ》ばれては、重要《じゅうよう》な広布《こうふ》の未来図《みらいず》を語《かた》ってくださった。

先生の一言《ひとこと》一言は、すべて、私への遺言《ゆいごん》となった。全部が、後継《こうけい》の大《だい》儀式《ぎしき》の序分《じょぶん》となった。

この「3・16」の儀式には、総本《そうほん》

山《ざん》の見学《けんがく》も兼《か》ねて、ある政治家《せいじか》が出席《しゅっせき》する予定であった。

このころは、まだ宗門《しゅうもん》にも多少《たしょう》の「清流《せいりゅう》」があった。しかし、今は、完全《かんぜん》に「濁流《だくりゅう》」と化《か》してしまった。

その政治家と戸田先生とは、友人《ゆうじん》であった。

だが、当日の朝《あさ》になって、周囲《しゅうい》からの横槍《よこやり》が入《はい》り、「欠席《けっせき》する」と電話してきたのである。

先生は激怒《げきど》された。電話口で、「あなたは、青年たちとの約束《やくそく》を破《やぶ》るのか！」と、鋭《するど》い語調《ごちょう》で叫《さけ》ばれた。

電話を切られると、先生は、こうもらされていた。

「政治家は、所詮《しょせん》は妥協《だきょう》だ。そして、今度は裏切《うらぎ》りか。これが日本の政治家の本質《ほんしつ》だ」

毀誉褒貶《きよほうへん》は世の習《なら》いとはいえ、風聞《ふうぶん》になびき、自己中心に利害《りがい》のみで行動《こうどう》する輩《やから》の、なんと多きことか。信念《しんねん》がない。何のため、という目的《もくてき》がない。

まして、人びとに奉仕《ほうし》するなどという考えそのものが決定的《けっていてき》に欠落《けつらく》した徒輩《とはい》の、なんと目立つことか。

足《あし》を引っ張《ぱ》り合い、力《ちから》ある人を認《みと》めず、我賢《かしこ》しと錯覚《さっかく》して、小《ちい》さき島国《しまぐに》で世界《せかい》の趨勢《すうせい》に気づかず、ちっぽけな自己満足《まんぞく》に溺《おぼ》れる——戸田先生は、政治家《せいじか》たちのその本質《ほんしつ》を、鋭《するど》く見抜《みぬ》いておられた。歯牙《しが》にもかけられなかった。

「誰《だれ》が来《こ》なくとも、青年と大儀式《だいぎしき》をやろうではないか！」

先生に、落胆《らくたん》は微塵《みじん》もなかった。後継《あとつ》ぎの真実《しんじつ》の青年さえいれば、それでよいというのが、先生の胸奥《きょうおう》のお心《こころ》であった。

また、先生は、まだ儀式の日程《にってい》も決まらぬうちから、青年をどうやって励《はげ》ますそうかと、次々に手を打たれていた。

早朝《そうちょう》、到着《とうちゃく》することになる青年たちのために、豚汁《とんじる》をふるまう用意《ようい》もされた。

その時、三頭《とう》の豚《ぶた》をつぶしたが、先生は「皮《かわ》は残《のこ》しておけ」と命《めい》ぜられた。

先生の逝去後《せいきょご》、私は、この豚皮《ぶたがわ》でペンケースを作《つく》り、青年の代表、百七人に贈《おく》った。〝絶対《ぜったい》に、亡《な》き恩師《おんし》の心を忘《わす》れるな、生涯《しょうがい》、学《まな》べ、生涯、戦《たたか》い続けよ〟との思いを込《こ》めて。

「私が断固《だんこ》として指揮《しき》をとるからな」

戸田先生は、こう言われたが、お体《からだ》の衰弱《すいじゃく》は極限《きょくげん》に達していた。既《すで》に、歩《ある》くこともに困難《こんなん》になっていた。

私は、先生をお乗《の》せするために、信頼《しんらい》する青年に指示《しじ》して、車駕《しゃが》を作《つく》った。

先生は、「大きすぎて、実戦《じっせん》に向かぬ！」と叱責《しっせき》された。

最後の最後まで、命《いのち》を振《ふ》り絞《しぼ》っての、愛弟子《まなでし》への訓練《くんれん》であった。そのありがたさに、私は心《こころ》で泣《な》いた。

弟子の真心《まごころ》に応《こた》え、先生は車駕にお乗りくださり、悠然《ゆうぜん》と、指揮をとられた。

車駕を担《かつ》いだ青年たちの顔《かお》には、喜《よろこ》びがあふれ、額《ひたい》には、黄金《おうごん》の汗《あせ》が光《ひか》っていた。

ここに、その名《な》をとどめておきたい。

阿部由三《あべよしぞう》、井崎直人《いざきなおんど》、石井武治《いしいたけじ》、遠藤良昭《えんどうよしあき》、岡安孝明《おかやすたかあき》、小川新一郎《おがわしんいちろう》、黒柳明《くろやなぎあきら》、郡司《ぐんじ》三郎《さぶろう》、小林晃《こばやしあきら》、小林宏《ひろし》、近藤伸一《こんどうしんいち》、沢田和雄《さわだかずお》、新谷義雄《しんたによしお》、高橋渉佑《たかはししょうすけ》、高橋直《なお》真《ま》、館岡倉市《たておかそういち》、坪井保男《つぼいやすお》、西方一之《にしかたかずゆき》、八矢英世《はちやひでよ》、藪仲義彦《やぶなかよしひこ》、渡部一郎《わたなべいちろう》等である。

〝学会は思想界の王者〟を宣言

晴《は》れの式典《しきてん》の席上《せきじょう》、戸田先生は宣言《せんげん》された。

「創価学会は、宗教界の王者《おうじゃ》である！」

この師子吼《ししく》を、私は生命《せいめい》に刻《きざ》んだ。いな、断《だん》じて〝王者〟たらねばならぬと、深《ふか》く、深く心《こころ》に誓《ちか》った。

「宗教界の王者」とは、思想界《しそうかい》、哲学界《てつがくかい》の王者という意義《いぎ》である。

王者の「王」の字は、横《よこ》に「三」を書き、「一」の字を縦《たて》に書く。「三・一六」の「三」と「一」に通じようか。

また、「六」とは、集《つど》い来《きた》った六千の使命《しめい》の若人《わこうど》、そして、後《あと》に続く六万恒河《ごうが》沙《しゃ》の地涌《じゆ》の同志《どうし》なるか。

「3・16」の大儀式《だいぎしき》は、「霊山一会儼然未散《りょうぜんいちえげんねんみさん》」(霊山一会儼然として未《いま》だ散《ち》らず)の姿《すがた》さながらに、我らには思えた。

式典終了後《しきてんしゅうりょうご》、バスで帰途《きと》につく青年たちを、私は、音楽隊《おんがくたい》のメンバーとともに、全魂《ぜんこん》を込《こ》めて見送《みおく》った。

やがて、彼らも帰《かえ》る時刻《じこく》となり、あいさつに来た。その時、私は音楽隊長《たいちょう》に頼《たの》んだ。

「申《もう》し訳《わけ》ないが、もう一曲《いっきょく》、演奏《えんそう》してくれないか。二階《にかい》に戸田先生がおられる。お別《わか》れの曲を一曲」

隊員《たいいん》たちは、快《こころよ》く荷《に》をほどき、一生懸命《いっしょうけんめい》に演奏してくださった。曲は、あまりにも思い出多き、「星落秋風五丈原《ほしおつしゅうふうごじょうげん》」(土井晩翠作詞《どいばんすいさくし》)である。

祁山悲秋《きざんひしゅう》の風更《かぜふ》けて
陣雲暗《じんうんくら》し五丈原

今落葉《らくよう》の雨《あめ》の音《おと》
大樹《たいじゅ》ひとたび倒《たお》れなば
漢室《かんしつ》の運《うん》はたいかに
丞相病《じょうしょうやまい》あつかりき

その詩《し》を思い返しながら、私は、心《こころ》で叫《さけ》んでいた。

〝先生、お聴《き》きください。青年部は、弟子《でし》たちは、意気軒昂《いきけんこう》です。ご安心《あんしん》ください！〟

大儀式《だいぎしき》が終《お》わって間《ま》もないあ

る日、宗門《しゅうもん》の腐敗《ふはい》の兆候《ちょうこう》を感じとられた先生は、厳《げん》として言われた。

「追撃《ついげき》の手をゆるめるな！」

先生は、必《かなら》ず宗門が「濁流《だくりゅう》」となりゆくことを、明《あき》らかに予見《よけん》しておられた。

この言葉は、恩師《おんし》の遺言《ゆいごん》となった。

戸田先生の赤誠《せきせい》によって建立《こんりゅう》された壮麗《そうれい》な大講堂《だいこうどう》をはじめとする伽藍《がらん》も、峻厳《しゅんげん》な大聖人の御《ご》精神《せいしん》を受け継《つ》ぐ、創価の後継《こうけい》の若人《わこうど》ありてこそ、仏道修行《ぶつどうしゅぎょう》の道場《どうじょう》たりえるのである。

腐敗・堕落《だらく》し、法師《ほっし》の皮《かわ》を著《き》た畜生《ちくしょう》らの悪《あく》の陰謀《いんぼう》の場となれば、腐臭漂《ふしゅうただよ》う仏法破壊《はかい》の温床《おんしょう》となり、社会を滅《ほろ》ぼす。

ゆえに、大聖人は、万祈《ばんき》を修せんよりはこの一凶《いっきょう》を禁《きん》ぜよ、と坊主《ぼうず》の腐敗を弾《だん》劾《がい》されたのである。民衆《みんしゅう》の安穏《あんのん》を願《ねが》い、平和《へいわ》を願うならば、世を毒《どく》する悪の根を退治《たいじ》せよ、との宣言《せんげん》であられる。

先生は、この「3・16」の大儀式《だいぎしき》から、十七日後の四月二日、偉大《いだい》なる生涯《しょうがい》の幕《まく》を閉《と》じられた。

広宣の「魂のバトン」は青年に

「3・16」は、先生とのお別《わか》れの、バトンタッチの儀式《ぎしき》となった。

先生亡《な》きあと、「学会は、空中分解《くうちゅうぶんかい》する」というのが、世間《せけん》の厳《きび》しき予想《よそう》であった。

〝師《し》の言葉を虚妄《こもう》にしてなるものか！〟

私は、師弟不二《していふに》の〝魂《たましい》のバトン〟を握《にぎ》り締《し》め、走《はし》りに走った。

あの日から四十星霜《せいそう》。学会は、思想界《しそうかい》の王者《おうじゃ》、人権《じんけん》の王者、平和《へいわ》の王者として、世界《せかい》の空《そら》高く飛翔《ひしょう》した。

四十年の歳月《さいげつ》は、人びとを厳しく峻別《しゅんべつ》した。

退《しりぞ》くものは退き、悔恨《かいこん》の汚泥《おでい》に沈《しず》んだ。裏切《うらぎ》った輩《やから》は、「始めは事《こと》なきやうにて終《つい》にほろびざるは候《そうら》はず」（御書一一九〇ページ）との御金言《ごきんげん》通り、厳然《げんぜん》たる審判《しんぱん》を免《まぬか》れまい。

私とともに歩《あゆ》んだ歴戦《れきせん》の友《とも》は、人生《じんせい》の凱歌《がいか》をあげている。その尊《とうと》き友を、私は、永遠《えいえん》に顕彰《けんしょう》し抜きたい。

師匠《ししょう》の教《おし》えを実現《じつげん》してこそ弟子《でし》である。誓《ちか》いを果《は》たしてこそ弟子である。そこに、私の最大最高の誇《ほこ》りがある。

日蓮大聖人は、「未来《みらい》の果《か》を知らんと欲《ほっ》せば其《そ》の現在《げんざい》の因《いん》を見よ」（御書二三一ページ）と仰《おお》せである。

決意《けつい》の一念《いちねん》が、現在の行動《こうどう》が未来を決《けっ》する。

「3・16」とは、弟子が立ち上がる、永遠の「本因《ほんいん》の原点《げんてん》」の日だ。

私にとっては、毎日が新《あたら》しき決意の出発《しゅっぱつ》であり、毎日が「3・16」であった。

今、二十一世紀《せいき》の大山脈《だいさんみゃく》は、旭日《きょくじつ》に染《そ》まり始めた。

「3・16」の方程式《ほうていしき》に則《のっと》り、創価の魂《たましい》のバトンは、完全《かんぜん》に青年に託《たく》した。いよいよ、その「壮大《そうだい》な時」は来はじめた。

草花《くさばな》も、生き生きと、緑《みどり》と花《はな》の乱舞《らんぶ》の三月。

私が愛《あい》し、信頼《しんらい》してやまない青年たちよ！
二十一世紀《せいき》は、君たちの大舞台《だいぶたい》だ。
君たちの出番《でばん》が遂《つい》に来た。厳然《げんぜん》と始まった。

「5・3」と創価の精神

「広布誓願《せいがん》」の獅子《しし》よ 一人立て

一九九八年四月二十九日

その日は、獅子が敢然《かんぜん》と一人《ひとり》立った日である。

一九五一年（昭和《しょうわ》二十六年）五月三日、われらの師匠《ししょう》である戸田先生が第二代会長に就任《しゅうにん》。平和《へいわ》と幸福《こうふく》への「広布誓願《こうふ》」の大獅子《だいしし》吼《く》が轟《とどろ》いた。

「私は広宣流布《こうせんるふ》のために、この身を捨《す》てます！　私が生きている間《あいだ》に、七十五万世帯《せたい》の折伏《しゃくぶく》は私の手でいたします」

「われわれの手」ではない。「私の手」で、と宣言《せんげん》されたのだ。

就任の式典《しきてん》が終《お》わると、同志《どうし》による先生の胴上《どうあ》げが始まった。お体《からだ》が宙《ちゅう》に舞《ま》い、眼鏡《めがね》も落《お》ちそうであった。

私は、とっさに胴上《どうあ》げの輪《わ》の真下《ました》へ入《はい》り、先生を懸命《けんめい》に支《ささ》えた。

〝先生なくして、広宣流布《こうせんるふ》はない。私は、どんなことがあろうが、この先生をお守りするのだ！〟

そう心《こころ》に誓《ちか》いながら、先生のお体《からだ》を支えた感触《かんしょく》は、今もこの手に残《のこ》っている。

先生には、人を頼《たよ》る気持ちは微塵《みじん》もなかった。

草創《そうそう》の築地《つきじ》支部長であった馬場勝種《ばばかつたね》氏が、かつて「大白蓮華《だいびゃくれんげ》」に書かれた話《はなし》がある。

――遅々《ちち》として進《すす》まぬ活動《かつどう》を見て、先生は烈火《れっか》のごとく幹部に言われた。

「本気《ほんき》になって、広宣流布をしていく気がないのなら、やめなさい！臆病者《おくびょうもの》はいらぬ。明日《あした》から、御本尊の功徳《くどく》を書いた紙《かみ》をつけた百匹《ぴき》の犬《いぬ》を、東京中に放《はな》っておけ。あとは私が一人《ひとり》で折伏《しゃくぶく》する！」

その先生に続かんと、私は弟子《でし》として毅然《きぜん》と立ち上がった。さらに、私に呼応《こおう》し、次々と青年が立ち上がった。

「青年よ、一人《ひとり》立て！　二人《ふたり》は必《かなら》ず立たん、三人はまた続くであろう」との、先生が示《しめ》された原理《げんり》通りに。師《し》のもとで、その青年たちが推進力《すいしんりょく》となって、学会は七十五万世帯《せたい》を達成《たっせい》したのである。

団結《だんけつ》とは、互《たが》いに寄《よ》り添《そ》い、もたれ合うことではない。一人立つ獅子《しし》と獅子との共戦《きょうせん》こそが、真《しん》の団結といえる。

そこに、広宣流布《こうせんるふ》という、未聞《みもん》の大偉業《だいいぎょう》を成《な》し遂《と》げていく要諦《ようてい》がある。

戸田先生の念願《ねんがん》は、ただただ未来《みらい》の広布《こうふ》の遂行《すいこう》のために、後事《こうじ》を託《たく》す青年の出《しゅつ》現《げん》にあった。

先生はよく、「同志《どうし》の歌」を歌われたが、「捨《す》つる命《いのち》は　惜《お》しまねど　旗持《はたも》つ若人《わこうど》　何処《いずこ》にか」のところになると、射貫《いぬ》くような鋭《するど》い視線《しせん》を、私に注《そそ》がれた。

その眼光《がんこう》は、〝あとは頼《たの》んだぞ。いいか！〟と、訴《うった》えておられるようであった。

美《うつく》しい青空《あおぞら》が、どこまでも広がっていた。

わが師《し》逝《ゆ》いて二年。一九六〇年（昭《しょう》和《わ》三十五年）の五月三日、私は第三代会長に就任《しゅうにん》した。

以来、「詮《せん》ずるところは天《てん》もすて給《たま》え諸難《しょなん》にもあえ身命《しんみょう》を期《ご》とせん」（御書二三二㌻）との御聖訓《ごせいくん》を胸《むね》に、怒濤《どとう》のなかをひた走《はし》った。先生の「広宣流《こうせんる》布《ふ》は、一人《ひとり》の青年が命《いのち》を捨《す》てれば必《かなら》ずできる」との言葉が、頭《あたま》から離《はな》れることはなかった。

来る日も来る日も、苦難《くなん》と迫害《はくがい》の連《れん》続《ぞく》であったが、「難こそ誉《ほま》れ」と、私は悠々《ゆうゆう》と指揮《しき》をとり続けた。

就任《しゅうにん》十周年（一九七〇年＝昭和《しょうわ》四十五年）の佳節《かせつ》となる「5・3」も、激《はげ》しき学会批判《ひはん》の包囲網《ほういもう》のなかでの新出発《しんしゅっぱつ》であった。また、会長就任から二十年目に入《はい》る、七九年の「5・3」も……。

この直前《ちょくぜん》、私は、名誉会長となった。

その陰《かげ》には、私を追《お》い落《お》とし、広宣流布《こうせんるふ》の指導者不在《ふざい》の学会にして、意《い》のままに操《あやつ》ろうとする、謀略《ぼうりゃく》の輩《やから》の画策《かくさく》があった。

狂気《きょうき》そのものの中傷《ちゅうしょう》の集中砲火《しゅうちゅうほうか》のさなかにあった七九年五月三日、本部総会《そうかい》が創価大学の体育館《たいいくかん》で行《おこな》われた。

首脳《しゅのう》幹部も、不安《ふあん》と戸惑《とまど》いを隠《かく》せなかった。私への拍手《はくしゅ》も遠慮《えんりょ》がちな姿《すがた》が痛々《いたいた》しかった。いな、浅《あさ》ましかった。

総会が終了《しゅうりょう》し、渡《わた》り廊下《ろうか》を歩《ある》いていると、数人の婦人たちが、「先生！」と叫《さけ》んで、駆《か》け寄《よ》って来た。お子さん連《づ》れの方《かた》もいた。一目《ひとめ》、私に会おうと、ずっと待《ま》っていてくださったのであろう。目には涙《なみだ》が光《ひか》っていた。

「ありがとう！　お元気《げんき》で！」

私は、大きく手を振《ふ》り、声《こえ》をかけ、全力《ぜんりょく》で励《はげ》ましを送《おく》った。そして、思った。

〝これから、こういう人たちを、本当《ほんとう》の善良《ぜんりょう》の市民《しみん》を、誰《だれ》が守っていくのか！　誰が幸福《こうふく》にしていくのか！　冷酷非道《れいこくひどう》な法師《ほっし》の皮《かわ》を著《き》た畜生《ちくしょう》たちが、民衆《みんしゅう》の上に君臨《くんりん》すれば、どうなってしまうのか！〟

私は信濃町《しなのまち》の本部には戻《もど》らず、総会《そうかい》の会場から神奈川《かながわ》文化会館へ向かった。世界《せかい》につながる平和《へいわ》の港《みなと》を望《のぞ》む横浜《よこはま》の地から、新《あら》たな戦《たたか》いを起《お》こすのだと、心《こころ》に決めていたからである。

五月五日、戸田先生のお顔《かお》を胸《むね》に描《えが》きながら、わが誓《ちか》いを筆《ふで》に託《たく》して、私はしたためた。

――「正義《せいぎ》」。

その脇《わき》に「われ一人《ひとり》正義の旗持《はたも》つ也《なり》」とつづった。

私は〝今こそ本当《ほんとう》の勝負《しょうぶ》だ。いかなる立場になろうが、私は断《だん》じて戦《たたか》う。たった一人《ひとり》になっても。師弟不二《していふに》の心《こころ》で、断固《だんこ》として勝利《しょうり》してみせる〟と、深《ふか》く決意《けつい》した。

今、あの日から二十年目。神奈川《かながわ》の城《しろ》が鮮《あざ》やかに心に残《のこ》る。

――世界《せかい》に広がる港《みなと》、多くの庶民《しょみん》が喜々《きき》として散策《さんさく》しゆく、希望《きぼう》の山下公園《やましたこうえん》。

また、凛々《りり》しき決意を胸《むね》に秘《ひ》めて、走《はし》り回る創価班。

〝よし、私は断固として第二章《だいにしょう》の広宣流布《こうせんるふ》の指揮《しき》をとる。法剣《ほうけん》を抜いて、宝剣《ほうけん》を抜いて、断じて勝ってみせる〟との、あの日の誓《ちか》いは、あまりにも深《ふか》かった。

今や、世界の民衆《みんしゅう》が、学会に希望《きぼう》を託《たく》し、大きな声援《せいえん》を送《おく》っている。

「5・3」とは、黒《くろ》き陰謀《いんぼう》の嵐《あらし》を突《つ》き抜けた、「勝利」と「栄光《えいこう》」の大輪《たいりん》の七色《なないろ》の虹《にじ》が輝《かがや》きゆく日である。三世《さんぜ》永遠《えいえん》の大道《たいどう》、不滅《ふめつ》の黄金《おうごん》の大道を進《すす》みゆく広布《こうふ》英《えい》雄《ゆう》の旅立《たびだ》ちの日である。

嵐の「4・24」

断じて忘《わす》るな！ 学会精神を

一九九九年四月二十七日

先日《せんじつ》、ある著名《ちょめい》な学者《がくしゃ》から、ご伝言《でんごん》をいただいた。

それは、私を励《はげ》ましてくれる好意的《こういてき》な内容《ないよう》であった。

「これだけ壮大《そうだい》なる創価学会になったからには、苦労《くろう》も苦難《くなん》も多いでしょう。

日本を動《うご》かす原動力《げんどうりょく》の一つになったことは、まことに偉大《いだい》なことであります。

若《わか》い時に、身体《からだ》が弱《よわ》かった貴方《あなた》だから、健康《けんこう》のことを心配《しんぱい》しておりましたが、
この何十年もの間《あいだ》に、いよいよ大偉業《だいいぎょう》を完遂《かんすい》してゆく姿《すがた》に、心《こころ》から感嘆《かんたん》し、頭《あたま》が下《さ》がる思いです」

また、ある高名《こうめい》な方《かた》からも、励《はげ》ましのお手紙《てがみ》をいただいた。

「これほどまでに、平和勢力《へいわせいりょく》を築《きず》き上げた大事業《だいじぎょう》に、喝采《かっさい》を送《おく》ります。

戦前戦後《せんぜんせんご》を通じて、これほどの業績《ぎょうせき》は、誰《だれ》も成《な》し遂《と》げることができませんでした。政治家《せいじか》でもない、著名人《ちょめいじん》でもない、一民間人《いちみんかんじん》が、戸田会長という偉大《いだい》な師匠《ししょう》があったことは事実《じじつ》としても、これほどの大業は、とうていできないものです。

しかも、悪意《あくい》の中傷《ちゅうしょう》を数多《かずおお》く受け、さらにまた、反対勢力《はんたい》の策略《さくりゃく》と陰謀《いんぼう》を撥《は》ね返してこられた。日本狭しと見下ろしながら、全世界を志向してのご活躍、そして、巨視眼《きょしがん》と先手《せんて》を打ちながらの平和活動《かつどう》は、それはそれは、歴史《れきし》に残《のこ》ることは絶対《ぜったい》に間違《まちが》いないでしょう」

また、長年《ながねん》、おつきあいした文化人《ぶんかじん》からは、「奇跡《きせき》という他《ほか》ない。誰からも誉《ほ》められず、嫉妬《しっと》され、けなされながらも、現実《げんじつ》に未《いま》だかつてない偉業《いぎょう》を創《つく》り上げた大芸術《だいげいじゅつ》は、ナポレオンもユゴーも、きっと賛嘆《さんたん》するであろう」と。

一九七九年（昭和《しょうわ》五十四年）の四月二十四日――。

この日、私は、十九年間にわたって務《つと》めた、創価学会第三代会長を退《しりぞ》き、名誉会長となった。

全国《ぜんこく》の、いや、全世《ぜんせ》界《かい》の同志《どうし》は、その発表《はっぴょう》に、愕然《がくぜん》として声《こえ》をのんだ。

その背後《はいご》には、悪辣《あくらつ》なる宗門《しゅうもん》の権力《けんりょく》があり、その宗門と結託《けったく》した反逆《はんぎゃく》の退転者《たいてんしゃ》たちの、ありとあらゆる学会攻撃《こうげき》があった。

なかんずく、私を破《は》壊《かい》させようとした、言語《げんご》に絶《ぜっ》する謀略《ぼうりゃく》と弾圧《だんあつ》であった。

正義《せいぎ》から転落《てんらく》した、その敗北者《はいぼくしゃ》たちは、今でも、その逆恨《さかうら》みをはらさんと、卑《ひ》劣《れつ》な策略《さくりゃく》を続けている。これは、ご存《ぞん》じの通りである。

御《ご》聖訓《せいくん》には、随所《ずいしょ》に説《と》かれている。

「法《ほ》華経《けきょう》の行者《ぎょうじゃ》は、諸々《もろもろ》の無智《むち》の人のために必《かなら》ず悪口罵詈《あっくめり》等《とう》の迫害《はくがい》を受ける」（趣旨、御書一四〇〇㌻等）と。

広宣流《こうせんる》布《ふ》の大闘争《だいとうそう》のゆえに、「悪口罵詈」されるのが、真《しん》の法華経の行者といえるのである。さらに「佐渡《さど》御書」には、「賢人《けんじん》・聖人《しょうにん》は、罵詈して試《こころ》みるものである」（通解、御書九五八㌻）と。

真実《しんじつ》の信仰者《しんこうしゃ》は、罵詈《めり》され、讒言《ざんげん》され、嘲笑《ちょうしょう》されて、初《はじ》めてわかる。

畜生《ちくしょう》のごとき坊主《ぼうず》らの暴圧《ぼうあつ》による、わが友《とも》たちの苦悩《くのう》を、悲鳴《ひめい》を、激怒《げきど》の声《こえ》を聞くたびに、私の心《こころ》は血《ち》の涙《なみだ》に濡《ぬ》れた。心痛《しんつう》に、夜も眠《ねむ》れなかった。

私は、健気《けなげ》な創価の同志《どうし》を守るため、一心不乱《いっしんふらん》に、僧俗《そうぞく》の和合《わごう》の道《みち》を探《さぐ》り続けた。しかし、後《のち》に退転《たいてん》した、ある最高幹部の不用意《ふようい》な発言《はつげん》から、その努力《どりょく》が、いっさい水泡《すいほう》に帰《き》しかねない状況《じょうきょう》になってしまったのである。

それは、最初から、学会破壊《はかい》を狙《ねら》っていた仮面《かめん》の陰謀家《いんぼうか》どもの好餌《こうじ》となった。

坊主らは、狂《くる》ったように「責任《せきにん》をとれ」と騒《さわ》ぎ立てた。

私は苦悩した。

――これ以上、学会員が苦《くる》しみ、坊主に苛《いじ》められることだけは、絶対《ぜったい》に防《ふせ》がねばならない。

戸田先生が「命《いのち》よりも大事《だいじ》な組織《そしき》」といわれた学会である。民衆《みんしゅう》の幸福《こうふく》のため、広宣流布《こうせんるふ》のため、世界《せかい》の平和《へいわ》のための、仏意仏勅《ぶついぶっちょく》の組織である。

私の心中《しんちゅう》では、ただ一身《いっしん》に泥《どろ》をかぶり、会長を辞《や》める気持ちで固《かた》まっていった。

また、いずれ後進《こうしん》に道《みち》を譲《ゆず》ることは、何年も前から考えてきたことであった。

ある日、最高幹部たちに、私は聞いた。「私が会長を辞めれば、事態《じたい》は収《おさ》まるんだな」。

沈痛《ちんつう》な空気《くうき》が流《なが》れた。やがて、誰《だれ》かが口《くち》を開いた。

「時の流《なが》れは逆《さか》らえません」

沈黙《ちんもく》が凍《こお》りついた。

わが胸《むね》に、痛《いた》みが走《はし》った。

――たとえ皆が反対《はんたい》しても、自分が頭《あたま》を下《さ》げて混乱《こんらん》が収《おさ》まるのなら、それでいい。実際《じっさい》、私の会長辞任《じにん》は、避《さ》けられないことかもしれない。

また、激《はげ》しい攻防戦《こうぼうせん》のなかで、皆が神経《しんけい》をすり減《へ》らして、必死《ひっし》に戦《たたか》ってきたこともわかっている。

しかし、時流《じりゅう》とはなんだ！　問題《もんだい》は、その奥底《おうてい》の微妙《びみょう》な一念《いちねん》ではないか。

そこには、学会を死守《ししゅ》しようという闘魂《とうこん》も、いかなる時代になっても、私とともに戦おうという気概《きがい》も感じられなかった。

宗門《しゅうもん》は、学会の宗教法人《ほうじん》を解散《かいさん》させるという魂胆《こんたん》をもって、戦いを挑《いど》んできた。それを推進《すいしん》したのは、あの悪名《あくめい》高き元弁護士《もとべんごし》たちである。

それを知ってか知らずか、幹部たちは、宗門と退転《たいてん》・反逆者《はんぎゃくしゃ》の策略《さくりゃく》に、完全《かんぜん》に虜《とりこ》になってしまったのである。

情《なさ》けなく、また、私はあきれ果《は》てた。

戸田会長は、遺言《ゆいごん》された。

「第三代会長を守れ！　絶対《ぜったい》に、一生涯《いっしょうがい》、守れ！　そうすれば、必《かなら》ず広宣流布《こうせんるふ》できる」と。

この恩師《おんし》の精神《せいしん》を、学会幹部は忘《わす》れてしまったのか。

なんと哀《あわ》れな敗北者《はいぼくしゃ》の姿《すがた》よ。

ただ状況《じょうきょう》に押《お》し流《なが》されてしまうのなら、一体《いったい》、学会精神はどこにあるのか！

そんな渦中《かちゅう》の、四月十二日、私は、中国《ちゅうごく》の周恩来総理《しゅうおんらいそうり》の夫人《ふじん》である鄧穎超女史《とうえいちょうじょし》と、元赤坂《もとあかさか》の迎賓館《げいひんかん》でお会いした。

その別《わか》れ際《ぎわ》に、私は、会長を辞《や》める意向《いこう》をお伝《つた》えした。

「いけません！」

〝人民《じんみん》の母《はは》〟は、笑《え》みを消《け》し、真剣《しんけん》な顔《かお》で言われた。

「まだまだ若《わか》すぎます。何より、あなたには人民の支持《しじ》があります。人民の支持のあるかぎり、辞めてはいけません。一歩《いっぽ》も引いてはいけません！」

生死《せいし》の境《さかい》を越《こ》え、断崖絶壁《だんがいぜっぺき》を歩《あゆ》み抜いてこられた方《かた》の毅然《きぜん》たる言葉であった。

やがて、暗《くら》き四月二十四日を迎《むか》えた。火曜日《かようび》であった。

全国《ぜんこく》の代表幹部が、元気《げんき》に、新宿《しんじゅく》文化会館に集《つど》って来た。

しかし、〝七つの鐘《かね》〟を打ち鳴《な》らし、新《あら》たな出発《しゅっぱつ》となるべき、意義《いぎ》ある会合は、私の「会長勇退《ゆうたい》」と、新会長の誕生《たんじょう》の発表《はっぴょう》の場となってしまったのである。

大半《たいはん》の幹部にとって、まったく寝耳《ねみみ》に水《みず》の衝撃《しょうげき》であった。

私は途中《とちゅう》から会場に入《はい》った。

「先生、辞《や》めないでください！」「先生、また会長になってください！」

「多くの同志《どうし》が、先生をお待《ま》ちしております！」などの声《こえ》があがった。

皆、不安《ふあん》な顔《かお》であった。

「あんなに暗く、希望《きぼう》のない会合はなかった」と、当時の参加者《さんかしゃ》は、皆、後《のち》に、怒《いか》り狂《くる》っていた。

私は、厳然《げんぜん》として言った。

「私は何も変わらない。恐《おそ》れるな！

私は戸田先生の直弟子《じきでし》である！　正義《せいぎ》は必《かなら》ず勝つ！」と。

　あまりにも　悔《くや》しき　この日を　忘《わす》れまじ
　　夕闇《ゆうやみ》せまりて　一人《ひとり》　歩《あゆ》むを

これは、四月二十四日に記《しる》された日記帳《にっきちょう》の一首《いっしゅ》である。
わが家《や》に帰《かえ》り、妻《つま》に、会長を辞《や》めたことを伝《つた》えると、妻は、何も聞かずに「あ
あ、そうですか……。ご苦労様《くろうさま》でした」と、いつもと変わらず、微笑《ほほえ》みながら、
迎《むか》えてくれた。

昭和54年5月3日

獅《し》子《し》となりて 我は一人征《ゆ》く

一九九九年五月一日

その日は、雲《くも》一つない〝五月晴《さつきば》れ〟であった。

武蔵野《むさしの》の丘《おか》は、生命《せいめい》と青春を飾《かざ》りゆくように、ツツジの花《はな》に包《つつ》まれていた。

その花々の彼方《かなた》は、大きな真実《しんじつ》の沈黙《ちんもく》を漂《ただよ》わせた、新緑《しんりょく》に輝《かがや》いていた。

妻《つま》が、まぶしそうに言った。

「まるで、十九年前と同じ天気《てんき》ですね……」

――確《たし》かに一九六〇年（昭和《しょうわ》三十五年）、私が第三代会長に就任《しゅうにん》した日も、快晴《かいせい》であった。

その日の夜、大田区《おおたく》の小さな貧《まず》しい家《いえ》で、二人《ふたり》して夜空《よぞら》を仰《あお》ぎ、「あの星《ほし》は、ホタルが輝《かがや》いているように見える」と語《かた》り合ったことを思い出す。

この十九年間、絶望《ぜつぼう》の闇《やみ》を切り開き、無限《むげん》の平和《へいわ》の大帝国《だいていこく》を建設《けんせつ》するために、わが死闘《しとう》は続いていた。


一九七九年、すなわち昭和《しょうわ》五十四年の五月三日——。

間《ま》もなく、創価大学の体育館《たいいくかん》で、〝七つの鐘《かね》〟の総仕上《そうしあ》げを記念《きねん》する、第四十回の本部総会《そうかい》が行《おこな》われることになっていた。

本来《ほんらい》ならば、その日は、私にとって、偉大《いだい》なる広宣流布《こうせんるふ》のメッセージを携《たずさ》えて、創価の栄光《えいこう》を祝賀《しゅくが》する日であった。

すべての同志《どうし》が熱意《ねつい》に燃《も》えて、楽《たの》しき次の目標《もくひょう》をもち、至高《しこう》の光《ひかり》を胸《むね》に抱《いだ》きながら迎《むか》えゆく、歓喜《かんき》の日であった。

尊《とうと》い広布《こうふ》の英雄《えいゆう》たちが微笑《びしょう》をたたえ、共々に、珠玉《しゅぎょく》の杯《はい》を交《か》わしながら祝《いわ》うべき日であり、大勝利《だいしょうり》の鐘を自由に打ち鳴《な》らす日であった。

しかし、嫉妬《しっと》に狂《くる》った宗門《しゅうもん》をはじめ、邪悪《じゃあく》な退転者《たいてんしゃ》らの闇《やみ》の阿修羅《あしゅら》が、この祝《しゅく》賀《が》の集《つど》いを奪《うば》い去《さ》っていったのである。

午後二時から始まる総会《そうかい》の開会《かいかい》前であった。

妬《ねた》みと滅《ほろ》びゆく瞋恚《しんに》の魂《たましい》をもった坊主《ぼうず》を乗《の》せたバスが、大学に到着《とうちゃく》すると、私は、ドアの前に立ち、礼儀《れいぎ》を尽《つ》くして、彼らに挨拶《あいさつ》した。

ところが、坊主たちは、挨拶一つ、会釈《えしゃく》一つ返すわけでもなく、冷酷《れいこく》な無表情《むひょうじょう》で、傲然《ごうぜん》と通り過《す》ぎていった。

学会伝統《でんとう》の総会は、いつもの学会らしい弾《はじ》けるような喜《よろこ》びも、勢《いきお》いもなく、宗門の〝衣《ころも》の権威《けんい》〟の監視下《かんしか》、管理下《かんりか》に置《お》かれたような、異様《いよう》な雰囲気《ふんいき》であった。

「冷《つめ》たい墓石《はかいし》の上に座《すわ》らされたような会合であった」と、ある幹部が後《あと》で言っていた。激怒《げきど》した声《こえ》が多々《たた》あった。

会場からの私への拍手《はくしゅ》も、どこか遠慮《えんりょ》がちであった。

また、登壇《とうだん》した最高幹部は、ほんの数日前《すうじつ》の会合まで、私を普通《ふつう》に「池田先生」と言っていたのが、宗門《しゅうもん》を恐《おそ》れてか、ただの一言《ひとこと》も口《くち》にできない。

私をどうこうではない。それは、強《つよ》き三世《さんぜ》の絆《きずな》で結《むす》ばれた、会員同志《どうし》の心《こころ》への裏切《うらぎ》りであった。

婦人部の方《かた》が怒《おこ》っていた。

「どうして、堂々《どうどう》と、『今日《こんにち》の広宣流布《こうせんるふ》の大発展《だいはってん》は、池田先生のおかげです』と言えないのでしょうか!」と。

私が退場《たいじょう》する時も、戸惑《とまど》いがちの拍手《はくしゅ》。

「宗門がうるさいから、今日《きょう》は、あまり拍手をするな。特に、先生の時は、拍手は絶対《ぜったい》にするな」と、ある青年部の最高幹部が言っていたと、私は耳《みみ》にした。

恐ろしき宗門の魔性《ましょう》に毒《どく》されてしまったのである。言うなれば、修羅《しゅら》に怯《おび》えた臆病者《おくびょうもの》になってしまったのである。

しかし、私を見つめる同志の目は真剣《しんけん》であった。声《こえ》に出して叫《さけ》びたい思いさえ、抑《おさ》えに抑えた心が、痛《いた》いほど感じられた。

体育館《たいいくかん》を出た直後《ちょくご》、渡《わた》り廊下《ろうか》を歩《ある》いている私のもとに駆《か》け寄《よ》って来《こ》られた、健気《けなげ》な婦人部の皆様との出会いは、今も、私の胸《むね》に深《ふか》く、くい込《こ》んで離《はな》れない。

会合が終《お》わり、特別《とくべつ》の控室《ひかえしつ》にいた高僧《こうそう》や坊主《ぼうず》どもに、丁重《ていちょう》に挨拶《あいさつ》をしたが、フンとした態度《たいど》であった。これが人間かという、そのぶざまな姿《すがた》は、一生《いっしょう》、自分自身《じしん》の生命《せいめい》に厳存《げんそん》する閻魔《えんま》法王《ほうおう》に、断罪《だんざい》されることは、絶対《ぜったい》に間違《まちが》いないだろう。

仏法は、厳《きび》しき「因果《いんが》の理法《りほう》」であるからだ。

私は思った。

――宗門《しゅうもん》と結託《けったく》した、学会攪乱《かくらん》の悪辣《あくらつ》なペテン師《し》たちは、これで大成功《だいせいこう》したと思い上がったにちがいない。彼らは、「これで、計画《けいかく》は着々《ちゃくちゃく》と準備《じゅんび》通りに進《すす》んでいる。これでよし！　これで完全勝利《かんぜんしょうり》だ」と計算《けいさん》し、胸を張《は》っているだろう。

その陰湿《いんしつ》さと傲慢《ごうまん》さが、私には、よく見えていた。私は、ずる賢《がしこ》き仮装《かそう》の連中《れんちゅう》の実像《じつぞう》を、その行動《こうどう》から見破《みやぶ》ることができた。

この陰険極《いんけんきわ》まる、狡猾《こうかつ》な連中《れんちゅう》には、断固《だんこ》として、従《したが》ってはならない。いかなる弾圧《だんあつ》を受けようが、「忍耐即《にんたいそく》信心」である。

学会は、蓮祖《れんそ》の仰《おお》せ通りの信仰《しんこう》をしている。死身弘法《ししんぐほう》の実践《じっせん》である。柔和《にゅうわ》な忍辱《にんにく》の衣《ころも》を着るべきである。

一方《いっぽう》、学会に敵対《てきたい》する彼らは、蓮祖の姿《すがた》を借《か》りて、真実《しんじつ》の仏《ほとけ》の使《つか》いを、道《どう》具《ぐ》にし、利用《りよう》し、破壊《はかい》しているのである。これが、恐《おそ》ろしき魔性《ましょう》の荒《あ》れ狂《くる》った、現実《げんじつ》の実態《じったい》であった。あまりにも悲《かな》しく、あまりにも情《なさ》けなかった。

本来《ほんらい》、宗教は、人間の幸福《こうふく》のために

あるものだ。それが、坊主《ぼうず》の奴隷《どれい》になり、権威《けんい》の象徴《しょうちょう》の寺院《じいん》・仏閣《ぶっかく》の下僕《げぼく》になってしまうことは、根本的《こんぽんてき》に間違《まちが》いである。

私は、重荷《おもに》を、また一層《いっそう》、背負《せお》った気持ちで、皆と別《わか》れ、自宅《じたく》には帰《かえ》らず、神奈川《かながわ》文化会館に走《はし》った。

「今朝《けさ》の新聞に、先生のお名前《なまえ》が出ていました」

神奈川文化会館で、側近《そっきん》の幹部が教《おし》えてくれた。

この三日付《づけ》の読売《よみうり》新聞には、日米国民《にちべいこくみん》の「生活意識《せいかついしき》」調査《ちょうさ》の結果《けっか》が掲載《けいさい》されていた。その中《なか》に、日本人が「尊敬《そんけい》する人物《じんぶつ》」に挙《あ》げた上位《じょうい》二十人の第六位に、私の名前が出ているというのであった。

上から、吉田茂《よしだしげる》、野口英世《のぐちひでよ》、二宮尊徳《にのみやそんとく》、福沢諭吉《ふくざわゆきち》、そして、昭和天皇《しょうわてんのう》と続き、その次が私である。

「会長勇退《ゆうたい》」直後《ちょくご》の五月三日に、このような記事《きじ》が出たことに、私は不思議《ふしぎ》なものを感じた。

また、同志《どうし》の皆様が、懸命《けんめい》に私を応援《おうえん》してくださっているようにも思われた。

数日後《すうじつご》、ある識者《しきしゃ》の方《かた》からいただいたお手紙《てがみ》は、この調査《ちょうさ》のことを非常《ひじょう》に驚《おどろ》かれ、こう結《むす》んであった。

「現存《げんそん》する人物《じんぶつ》では、民間人《みんかんじん》の第一位です。

そして、日本の宗教界では、貴方《あなた》、お一人《ひとり》だけです。まさに宗教界の王者《おうじゃ》です。どんなに、戸田会長がお喜《よろこ》びになるでしょうか！」

「大事《だいじ》には小瑞《しょうずい》なし、大悪《だいあく》をこ《起》れば大善《だいぜん》きたる、すでに大謗法《だいほうぼう》・国にあり大正法必《かなら》ずひろまるべし」（御書一三〇〇㌻）とは、日蓮大聖人の絶対《ぜったい》の御確信《ごかくしん》であられる。

誰《だれ》が何と言おうが、私は私の信念《しんねん》で勝つことを決心《けっしん》した。そして、ただ一人、今まで以上の多次元《たじげん》の構想《こうそう》をもちながら、戦闘《せんとう》を開始した。

「獅子《しし》は伴侶《はんりょ》を求《もと》めず」とは、よく戸田先生が、私に言われた言葉である。

一人、孤独《こどく》になった私は、無言《むごん》のうちに、必ずや、真実《しんじつ》の伴侶はついてくるであろうと信じていた。師弟《してい》の両者《りょうしゃ》が一つの姿《すがた》で、無限《むげん》に戦《たたか》い、舞《ま》い、走《はし》り、勝利《しょうり》しゆく。私は、その新《あたら》しき時代の、新しき伴侶《はんりょ》を待《ま》っていた。

神奈川《かながわ》の地は、世界《せかい》に通じる港《みなと》である。

ここから、私は「一閻浮提広宣流布《いちえんぶだいこうせんるふ》」との大聖人の御遺言《ごゆいごん》を遂行《すいこう》する決意《けつい》を、新《あら》たにした。そして、「正義《せいぎ》」という二字を書き記《しる》した。

この意義《いぎ》を深《ふか》く留《とど》めて後世《こうせい》に伝《つた》えてほしいと、側《そば》にいた数人の弟子《でし》に託《たく》した。

五月五日のことである。

いったん帰京《ききょう》した私は、東京の開拓《かいたく》の新天地《しんてんち》、第二東京の拠点《きょてん》・立川《たちかわ》文化会館に向かった。

すでに、夕方近《ゆうがたちか》かった。別《べつ》な世界を見る思いで、まさに沈《しず》みゆかんとする夕日《ゆうひ》の光景《こうけい》を、しばし呼吸《こきゅう》した。

夕暮《ゆうぐ》れの立川に着《つ》くと、その清楚《せいそ》な頬《ほお》に頬ずりしたいような、憧《あこが》れの月天子《がってんし》が、顔《かお》を見せてくれた。

私は一詩《いっし》を詠《よ》んだ。

西《にし》に　満々《まんまん》たる夕日《ゆうひ》
東《ひがし》に　満月《まんげつ》　煌々《こうこう》たり
天空《てんくう》は　薄暮《はくぼ》　爽《さわ》やか
この一瞬《いっしゅん》の静寂《せいじゃく》
元初《がんじょ》の生命《せいめい》の一幅《いっぷく》の絵画《かいが》
我《わ》が境涯《きょうがい》も又《また》
自在無礙《じざいむげ》に相似《あいに》たり

この日、五月十一日の日記《にっき》に記《しる》したものである。
世界《せかい》の創価学会は、太陽と同じく、太陽の生命で、永遠《えいえん》に転教《てんきょう》を休《やす》むことなく、進《すす》みゆくことであろう！　また、断固《だんこ》、勝っていくことであろう！

不滅の六段円塔

見よ! 創価の誇《ほこ》り ここにあり

一九九九年五月十日

「滅《ほろ》びざる——かぎりなき、——朽《く》ちざるもの

眼《め》に見えぬ思想《しそう》となりて」(阿部知二訳)

これは、イギリスの革命詩人《かくめいしじん》・バイロンの詩の一節《いっせつ》である。

今から十七年前(一九八二年=昭和《しょうわ》五十七年)の、忘《わす》れ得《え》ぬ三月二十二日のことである。

その日、大阪の長居陸上競技場《ながいりくじょうきょうぎじょう》を舞台《ぶたい》に、歴史的《れきしてき》な第一回の関西青年平和文化《へいわぶんか》

祭《さい》が開催《かいさい》されたのであった。

午後一時二十九分。関西発足《ほっそく》三十周年を記念《きねん》する大祭典《だいさいてん》は、新入会《しんにゅうかい》の一万人の青年たちによる行進《こうしん》で幕《まく》を開《あ》けた。

各部《かくぶ》の友《とも》が、息《いき》もつがせぬ名演技《めいえんぎ》を繰《く》り広げていったあと、二時四十八分、精《せい》悍《かん》なる四千の若人《わこうど》が躍《おど》り出た。男子部の組《く》み体操《たいそう》である。

八基《き》の五段円塔《ごだんえんとう》も、〝八葉蓮華《はちようれんげ》〟のごとく美事《みごと》に花《はな》開いた。そして、フィールドの中央に、もう一つ、新《あら》たな青年のスクラムが組まれ始めた。

会場のすべての目が、そこに注《そそ》がれた。いや、全関西の同志《どうし》が、その〝庶民《しょみん》の勝鬨《かちどき》の塔〟の成功《せいこう》を祈り、見つめていた。

「六段円塔」である。

一段目六十人が、しっかりと肩《かた》を組んだ。その土台《どだい》の上に、二段目二十人、三段目十人、四段目五人、五段目三人、そして最上段《さいじょうだん》に立つ一人《ひとり》が乗《の》った。

ゆっくりと、二段目が立ち上がり始めた……。

蓮祖《れんそ》の御聖訓《ごせいくん》通りに、わが学会に対して、この数年来《すうねんらい》、激《はげ》しい批判《ひはん》と中傷《ちゅうしょう》の風《かぜ》が吹《ふ》いていた。

事実《じじつ》でもなく、真実《しんじつ》でもない。悪趣味《あくしゅみ》と陰険《いんけん》な凶器《きょうき》の言論《げんろん》の波《なみ》である。それらの三類《さんるい》の強敵《ごうてき》に対しても、わが関西は微動《びどう》だにしなかった。特に、婦人部、女子部の方々《かたがた》は、柔和《にゅうわ》な天使《てんし》の笑顔《えがお》で、学会活動《かつどう》にいそしんでいた。

関西の友《とも》は、卑劣《ひれつ》な悪口罵詈《あっくめり》の暴力《ぼうりょく》に裂《さ》かれても、刺《さ》されても、ちぎられても、厳然《げんぜん》たる、また勇敢《ゆうかん》なる行動《こうどう》と雄叫《おたけ》びを忘《わす》れなかった。

さらに、あの不屈《ふくつ》の魂《たましい》が燃《も》えた〝雨《あめ》の関西文化祭《ぶんかさい》〟（一九六六年＝昭和《しょうわ》四十一年）を、見事《みごと》に勝った同志《どうし》は強《つよ》かった。

そして今、何ものにもビクともしない、大関西の若《わか》き陣列《じんれつ》をつくらんと、わが青年部は燃《も》えに燃えていたのである。

一九八一年（同《どう》五十六年）の十一月、思い出深《ぶか》き四国《しこく》指導を終《お》えて、第三回の関西総会《そうかい》に出席《しゅっせき》するため、再《ふたた》び大阪に入《はい》った私に、太陽のごとく熱《あつ》き心臓《しんぞう》をもった青年たちは言った。

「『学会ここにあり、師匠《ししょう》は健在《けんざい》なり！』と、満天下《まんてんか》に示《しめ》す舞台《ぶたい》にいたします！」
「十万の関西の青年がお待《ま》ちしています！」

年が明《あ》けると、すぐに、私は、雪《ゆき》の秋田《あきた》指導に飛《と》び、三障四魔《さんしょうしま》という魔軍《まぐん》に対して、戦闘《せんとう》を開始した。断《だん》じて、凶悪《きょうあく》の仏敵《ぶってき》を倒《たお》そうと、自《みずか》らが最前線《さいぜんせん》に、獅子《しし》のごとく飛び込《こ》んでいった。

それは、闘《たたか》え！　鳴《な》らせ！　轟《とどろ》け！――と、全軍《ぜんぐん》の闘争《とうそう》の合図《あいず》となった。

時を同じくして、関西の青年たちも、寒風《かんぷう》のなかで、大阪城公園等《こうえんとう》を会場として、練習《れんしゅう》を開始したのである。

六段円塔《ろくだんえんとう》のグループは、よく交野《かたの》の関西創価学園の体育館《たいいくかん》を借《か》りて、練習していたようだ。

本番《ほんばん》までに成功《せいこう》したのは、たった一回だけ。そのころ、学園の教師《きょうし》をしていた私の長男《ちょうなん》も、この一度の成功の場に居合《いあ》わせて、皆と喜《よろこ》びをともにしたと聞いた。

「あの感激《かんげき》と歴史《れきし》は一生忘《いっしょうわす》れることはできない！」と。

じつは、この直前《ちょくぜん》、男子部の体操《たいそう》のメンバーであった一人《ひとり》の青年が、病《やまい》のために亡《な》くなったのである。

しかも、六段円塔《ろくだんえんとう》の頂点《ちょうてん》に立つのは、彼の親友《しんゆう》であった。六段円塔は、出場《しゅつじょう》を果《は》たせなかった友《とも》の心《こころ》を抱《だ》き締《し》めての、友情《ゆうじょう》の塔でもあったのだ。

私は、三月二十一日の夜に、大阪に入《はい》った。

この日、大阪は激《はげ》しい雨《あめ》に見舞《みま》われ、予定されていた文化祭《ぶんかさい》の第一日は中止《ちゅうし》になっていた。

私は役員会《やくいんかい》に駆《か》けつけ、落胆《らくたん》しているであろう、青年たちを激励《げきれい》した。

六段円塔という極限《きょくげん》の演技《えんぎ》を二日も続けることは、あまりに過酷《かこく》である。むしろ雨が降《ふ》ってよかったのだ。明日《あした》は、元気《げんき》いっぱいにやりなさい、と。

――快晴《かいせい》のもと、あの歴史的《れきしてき》な栄光《えいこう》のフィールドでは、今、厳然《げんぜん》と、六段円塔が築《きず》かれていった。

77　見よ！　創価の誇り ここにあり

背後《はいご》のスタンドには、「青年よ　二十一世紀《せいき》の広布《こうふ》の山を登《のぼ》れ」と、鮮《あざ》やかな人文字《ひともじ》が映《は》えていた。

四段目《よんだんめ》が立った。

懸命《けんめい》に、五段目が立った。

午後三時六分、遂《つい》に、六段目に立つ青年が体《からだ》を起《お》こし、顔《かお》を上げた！

彼は叫《さけ》んだ。亡《な》くなった友《とも》の名《な》を。

そして、「やったぞ！」と両手《りょうて》を上げ、生命《せいめい》の限《かぎ》りなき威厳《いげん》の姿《すがた》を見せた。

その瞬間《しゅんかん》、人文字は、金地《きんじ》に深紅《しんく》の字で、「関西魂《だましい》」と描《えが》き出した。

六段円塔《ろくだんえんとう》は、雲《くも》一つない〝常勝《じょうしょう》の空《そら》〟に、人間と人間の勝鬨《かちどき》の太鼓《たいこ》を打ち鳴《な》らしながら、そびえ立った。

創価の太陽が燦然《さんぜん》と輝《かがや》きわたった瞬間であった！

無数《むすう》の歓声《かんせい》。自《みずか》らの口《くち》をラッパのごとく吹《ふ》きながら叫ぶ万歳《ばんざい》の波《なみ》の声《こえ》――。

名聞名利《みょうもんみょうり》に翻弄《ほんろう》されゆく人びとを見下《みお》ろすがごとく、彼らの〝勝利《しょうり》と正義《せいぎ》の大塔《だいとう》〟は素晴《すば》らしく、また素晴らしく、偉大《いだい》なる希望《きぼう》の大光《たいこう》を満々《まんまん》と注《そそ》いでいた。

来賓《らいひん》として見えていた著名《ちょめい》な外国人《がいこくじん》が、「世界《せかい》第一の六段円塔《ろくだんえんとう》でしょう」と、驚嘆《きょうたん》していた。

堂々《どうどう》たる立像《りつぞう》の演技《えんぎ》が終《お》わると、幾《いく》万人の競技場《きょうぎじょう》は静寂《せいじゃく》に戻《もど》った。至《いた》るところにいる同志《どうし》が、勝利者《しょうりしゃ》の輝《かがや》く実態《じったい》を見た。

関西青年部長であった大西正人《おおにしまさと》君《くん》（現・副会長）がマイクに立った。

「全関西の池田門下《もんか》生《せい》十万の同志諸君《しょくん》！」

弟子《でし》の誓《ちか》いが光《ひか》る、「平和《へいわ》宣言《せんげん》」の第一声《だいいっせい》が響《ひび》くと、会場は厳粛《げんしゅく》な空気《くうき》に包《つつ》まれた。

「一、我々は、日蓮大聖人の仏法を広く時代精神《せいしん》、世界精神にまで高め、『生命《せいめい》尊厳《そんげん》・人間平和主義《しゅぎ》』の理念《りねん》にのっとり、立正安国《りっしょうあんこく》の恒久《こうきゅう》平和運動を展開《てんかい》しゆくことを誓《ちか》う……」と。

私は、最後に挨拶《あいさつ》した。

出席《しゅっせき》した宗門《しゅうもん》の法主《ほっす》と、来賓《らいひん》の方々《かたがた》に謝意《しゃい》を述《の》べたあと、頼《たの》もしきわが青年たちに、こう呼《よ》びかけた。

「平和《へいわ》こそ、人類《じんるい》の願望《がんぼう》である。我々は、いかなる中傷批判《ちゅうしょうひはん》も乗《の》り越《こ》えて、平和へ前進《ぜんしん》しなければならない。あとは諸君《しょくん》、この道《みち》をしっかり頼《たの》む！」

文化祭《ぶんかさい》が終《お》わって、二、三日たってからと記憶《きおく》する。

すぐ総本山《そうほんざん》に登山《とざん》せよと、突然《とつぜん》、連絡《れんらく》が入《はい》った。男《おとこ》のやきもちは真《ま》っ黒《くろ》けと、陰口《かげぐち》を言われている法主《ほっす》が呼びつけたのである。

私は、京都《きょうと》、滋賀《しが》を訪問《ほうもん》するという、わが愛《あい》する同志《どうし》との予定を変更《へんこう》し、急《いそ》ぎ、秋谷会長らと登山した。三月二十五日のことである。

そこには、ものすごい修羅《しゅら》の形相《ぎょうそう》の法主がいた。彼は、関西の文化祭について、居丈高《いたけだか》に喚《わめ》いた。

――青年部の宣言《せんげん》で、大聖人の仏法を時代精神《せいしん》、世界《せかい》精神に高め云々《うんぬん》と言っていた。もともと高いものを「高める」とは、なんたる不遜《ふそん》な言葉であるか、と。

さらに、私の挨拶《あいさつ》についても、「『日顕上人猊下《にっけんしょうにんげいか》』と言ったが、なぜ、『御法主上人《しょうにん》』と言わなかったか！」と。

あの大文化祭《だいぶんかさい》を見て、この調子《ちょうし》である。まったく呆《あき》れ果《は》てた、愚者《ぐしゃ》のごとき、哀《あわ》れな威張《いば》り方《かた》であった。それは、法主《ほっす》の名《な》を借《か》りた魔性《ましょう》の大悪僧《だいあくそう》の、嫉妬《しっと》に狂《くる》う悲痛《ひつう》にも似《に》た実態《じったい》をさらけ出した一幕《ひとまく》であったと、皆が怒《いか》り、笑《わら》っていた。

御聖訓《ごせいくん》には、「修羅《しゅら》は日輪《にちりん》を射奉《いたてまつ》れば頭七分《こうべしちぶん》に破《わ》る」（御書一二二九ページ）と、明快《めいかい》に仰《おお》せである。

ともあれ、関西の空《そら》に厳然《げんぜん》と立った〝青年の塔《とう》〟は、一歩《いっぽ》も後退《こうたい》せぬ学会の反転攻勢《はんてんこうせい》の突破口《とっぱこう》となった。

あの日、あの時から、今再《ふたた》びの常勝《じょうしょう》の関西から、われら正義軍《せいぎぐん》の大行進《だいこうしん》は始まった。新《あたら》しき二十一世紀《せいき》の創価の勝利山《しょうりざん》へ！

この六段円塔《ろくだんえんとう》を記念《きねん》する意義《いぎ》を込《こ》めて、雄々《おお》しき丈夫《ますらお》の像《ぞう》が、やがて大関西の新本部が完成《かんせい》の折《おり》に、堂々《どうどう》と設置《せっち》されることが決まっている。

炭労事件と学生部結成

民衆を守れ！ 民衆とともに戦え！

一九九九年六月三十日

「この上とも頑張《がんば》れ、わが兄弟《きょうだい》、わが姉妹《しまい》よ！
投《な》げだしてはならない――『自由』はどんなことがあっても、護《も》りたててゆかねばならぬ、一度や二度の失敗《しっぱい》で、また幾度《いくど》失敗しようと、逼塞《ひっそく》してしまうなどとは何ごとか、
また、民衆《みんしゅう》の冷淡《れいたん》、忘恩《ぼうおん》、あるいはまた裏切《うらぎ》りなどのために、あるいは権力《けんりょく》や軍隊《ぐんたい》、大砲《たいほう》や刑法《けいほう》などのおどかしで蟄伏《ちっぷく》させられるとは何ごとか」（長沼重隆訳）
この一節《いっせつ》から始まるホイットマンの詩《し》が、私は大好《だいす》きだ。

一九五七年（昭和三十二年《しょうわ》）の六月のことである。

事件《じけん》は、炭鉱《たんこう》の街《まち》・北海道夕張《ほっかいどうゆうばり》で起《お》こった。

前年の七月に行《おこな》われた参議院議員選挙《さんぎいんぎいんせんきょ》で、夕張炭鉱の学会員が、学会推薦《すいせん》の候《こう》補《ほ》者《しゃ》を推《お》したところから、炭労《たんろう》（炭鉱労働《ろうどう》組合《くみあい》）は、「統制《とうせい》を乱《みだ》した」として、学会員の締《し》め出しを図《はか》り、公式《こうしき》にも〝対決《たいけつ》〟を決議《けつぎ》したのだ。

いわゆる「夕張炭労事件」である。

当時、炭労といえば、「泣《な》く子と炭労には勝てない」といわれるほど、組合員に対しては、絶大《ぜつだい》な権力《けんりょく》を誇《ほこ》っていた。それまでにも、何人もの同志《どうし》が、事務所《じむしょ》に呼《よ》び出され、「信心をやめなければ、組合をやめてもらう」と、迫《せま》られた。組合を除名《じょめい》になることは、そのまま、失職《しっしょく》を意味《いみ》していた。

学会員というだけで、村八分《むらはちぶ》同然《どうぜん》の仕打《しう》ちを受けた。親《おや》ばかりでなく、子供《こども》までもが除《の》け者《もの》にされた。

悪質《あくしつ》なビラが、電柱《でんちゅう》や家《いえ》の壁《かべ》に張《は》られた。有線放送《ゆうせんほうそう》でも、非難《ひなん》・中傷《ちゅうしょう》が流《なが》された。労働者《ろうどうしゃ》の権利《けんり》を守る組合《くみあい》が、「信教《しんきょう》の自由」を侵《おか》し、人権《じんけん》を踏《ふ》み躙《にじ》るという、転倒《てんとう》であり、卑劣《ひれつ》なる暴挙《ぼうきょ》であった。

私たちは、激怒《げきど》した。そして、決然《けつぜん》と立ち上がった。

〝愛《あい》する同志《どうし》を、断固《だんこ》として守ろう！　断じて勝ってみせる！〟と。

六月二十八日、若《わか》き獅子《しし》は、北海道《ほっかいどう》に飛《と》んだ。

わが師《し》・戸田先生の逝去《せいきょ》の九カ月前である。先生のお体《からだ》の衰弱《すいじゃく》は、既《すで》に甚《はなは》だしく、私は、師に代《か》わって、いっさいの学会の責任《せきにん》を担《にな》う〝船長《せんちょう》〟の立場にいた。

そして、庶民《しょみん》の人権闘争《とうそう》の先頭《せんとう》に立っていた。

既成《きせい》の権力《けんりょく》が、非道《ひどう》な弾圧《だんあつ》を仕掛《しか》けるなら、われらは正義《せいぎ》の旗《はた》のもとに立ち上がる！　不屈《ふくつ》の勇気《ゆうき》を燃《も》え上がらせる！

私は、信仰《しんこう》に励《はげ》む健気《けなげ》な庶民の家々《いえいえ》を駆《か》け巡《めぐ》り、訴《うった》え抜いた。

「同志よ、共に戦《たたか》おう！」

「絶対《ぜったい》に、負《ま》けてはならぬ！」

その渦中《かちゅう》の六月三十日、東京・麻布《あざぶ》公会堂《こうかいどう》で、学生部の結成大会《けっせいたいかい》が、行《おこな》われた。

私は、この朝《あさ》、若《わか》き学生たちの喜《よろこ》びと誓《ちか》いの顔《かお》を思い浮《う》かべながら、長文《ちょうぶん》の電報《でんぽう》を打った。

――新《あたら》しき世紀《せいき》を担《にな》う秀才《しゅうさい》の集《つど》いたる学生部結成大会、おめでとう。戸田先生のもとに、勇《いさ》んで巣立《すだ》ちゆけ。

戸田会長は、生前《せいぜん》最後に実《み》を結《むす》んだ学生部の誕生《たんじょう》を、「ただ嬉《うれ》しい」と心《こころ》から喜ばれた。

「この中《なか》から半分《はんぶん》は重役《じゅうやく》に、半分は博士《はくし》に」と、学生部員《ぶいん》の輝《かがや》く未来《みらい》に期待《たい》された。

先生は、民衆《みんしゅう》のために戦《たたか》い、民衆を守り抜く、慈悲《じひ》と英知《えいち》の新時代の大指導者を心《こころ》から待《ま》ち望《のぞ》んでおられた。「指導者革命《かくめい》」であり、「エリート革命」である。

そこにこそ、学生部の永遠不変《えいえんふへん》の使命《しめい》がある。

ところが、自己の栄誉栄達《えいよえいたつ》に狂《くる》って、民衆を踏《ふ》みつけ、民衆を見下《みくだ》す、「才能《さいのう》ある畜生《ちくしょう》」のいかに多きことか。

一時の享楽《きょうらく》を求《もと》め、遊興《ゆうきょう》にふけり、二度と来《きた》らざる人生《じんせい》の建設《けんせつ》の時代を無《む》にする青年のいかに多いことか。

邪悪《じゃあく》と戦わずして、なんの知性《ちせい》か！　民衆を守らずして、なんの学問《がくもん》か！　自《みずか》らを鍛《きた》えずして、なんの青春か！

「キューバの使徒《しと》」ホセ・マルティは言った。

「人間の能力《のうりょく》は、それを引き出し、伸《の》ばしてくれる民衆のためにある。民衆に奉仕《ほうし》するために、自分の力《ちから》を使《つか》わなければ、それは無価値《むかち》であり、恥《は》ずべきものである」

私は、学生部諸君《しょくん》が後《あと》に続くことを信じ、臨時《りんじ》の大会《たいかい》が行《おこな》われた北《きた》の天地《てんち》で、炭労《たんろう》への抗議《こうぎ》の矢《や》を放《はな》ち、決然《けつぜん》として宣言《せんげん》した。

「わが学会は、日本の潮《うしお》であり、その叫《さけ》びは、獅子王《ししおう》の叫びである！」と。

やがて炭労側《がわ》は、学会員を排除《はいじょ》しようとする闘争方針《とうそうほうしん》を改《あらた》めていくことになる。民衆《みんしゅう》の真実《しんじつ》の団結《だんけつ》と雄叫《おたけ》びが、傲慢《ごうまん》な弾圧攻勢《だんあつこうせい》を打ち破《やぶ》ったのである。

御聖訓《ごせいくん》には、「始めは事《こと》なきやうにて終《つい》にほろびざるは候《そうら》はず」（御書一一九〇ページ）と。それがわれらの確信《かくしん》であり、厳然《げんぜん》たる仏法の法理《ほうり》である。

強大《きょうだい》な力《ちから》をもった炭労も、やがて衰《おとろ》え、時代の表舞台《おもてぶたい》から去《さ》っていった。

大阪府警《ふけい》から、私に出頭《しゅっとう》の要請《ようせい》が来たのは、この北海道《ほっかいどう》の激戦《げきせん》のさなかであった。四月に行われた参院《さんいん》大阪地方区《ちほうく》の補欠選挙《ほけつせんきょ》で、一部の会員のなかから選挙違《い》反《はん》の容疑者《ようぎしゃ》が出たことから、支援活動《しえんかつどう》の最高責任者《せきにんしゃ》であった私に、出頭せよというのである。そこには、創価学会という新《あたら》しき民衆運動の波《なみ》を恐《おそ》れ、打ち砕《くだ》こうと動《うご》き始めた、国家権力《こっかけんりょく》のどす黒《ぐろ》い意図《いと》があったことはいうまでもない。

学生部は、この波乱《はらん》の大海《たいかい》に船出《ふなで》し、新時代の開幕《かいまく》を告げる暁鐘《ぎょうしょう》を打《う》ち鳴《な》らしていったのだ。

「願《ねが》くは我《わ》が弟子《でし》等《ら》は師子王《ししおう》の子となりて群狐《ぐんこ》に笑《わら》わるる事《こと》なかれ」（御書一五八九ジペー）とは、蓮祖《れんそ》の厳父《げんぷ》の仰《おお》せである。

われらは、背信《はいしん》の輩《やから》が勝ち誇《ほこ》るような時代を、断固《だんこ》、変えねばならぬ。無名《むめい》の庶民《しょみん》の真《しん》の英雄《えいゆう》たちが、人生《じんせい》の勝利《しょうり》の賛歌《さんか》を、高らかに謳《うた》い上げていける時代をつくらねばならぬ。そのためには、何ものにも、臆《おく》せず、動《どう》ぜず、忍耐《にんたい》強《づよ》く、断じて戦《たたか》い抜くことだ！

七月三日の朝《あさ》、私は飛行機《ひこうき》で北海道《ほっかいどう》を発《た》ち、自《みずか》ら出頭《しゅっとう》するために、大阪に向かった。そして、無実《むじつ》の罪《つみ》で獄《ごく》につながれることになる。

「大阪事件《じけん》」であった。

師子の誉れ「7・3」

大難の嵐に翻《ひるがえ》れ　広宣の旗！

一九九九年七月三日

遠大《えんだい》なる人類《じんるい》の目的《もくてき》のために、仏法はある。

何ゆえか満《み》たされぬ生命《せいめい》を、悔《く》いなき、満足《まんぞく》しきった完成《かんせい》に向かって昇華《しょうか》させゆくために、信仰《しんこう》はある。

それゆえに、私たちは、長《なが》く、あまりにも長く、広宣流布《こうせんるふ》のために、戦《たたか》わねばならない。

一歩《いっぽ》も後退《こうたい》できない。

悲痛《ひつう》の人生《じんせい》の運命《うんめい》を変えゆくために！

時代の闇《やみ》を破《やぶ》り、天晴《てんは》れたる七月三日！

一九四五年（昭和《しょうわ》二十年）のその日は、戦時中《せんじちゅう》、軍部《ぐんぶ》政府《せいふ》の弾圧《だんあつ》と戦《たたか》った、戸田城聖《じょうせい》先生が出獄《しゅつごく》され、広宣流布《こうせんるふ》に一人《ひとり》立たれた日である。

それから十二年後（一九五七年＝同《どう》三十二年）の、同じ七月三日、私も〝師子《しし》〟として、誉《ほま》れある法難《ほうなん》に連《つら》なったのである。

千歳空港《ちとせくうこう》から大阪に向けて飛《と》び立った私は、途中《とちゅう》、乗《の》り継《つ》ぎのために、羽田空《はねだ》港に降《お》りた。

空港の待合室《まちあいしつ》には、戸田先生が待《ま》っておられた。大阪府警《ふけい》に出頭《しゅっとう》する私のために、衰弱《すいじゃく》した体《からだ》で、わざわざ空港までおいでくださったのである。

戦時下《せんじか》の獄中闘争《ごくちゅうとうそう》で、牢獄《ろうごく》がどのような場所か、知悉《ちしつ》されていた先生は、病《びょう》弱《じゃく》な私の体を心配《しんぱい》された。私の肩《かた》に伸《の》びた先生の手に、力《ちから》がこもった。

「死《し》んではならんぞ。大作、もしも、もしも、お前が死ぬようなことになったら、私もすぐに駆《か》けつけて、お前の上にうつぶして一緒《いっしょ》に死《し》ぬからな」

深《ふか》く、尊《とうと》き師《し》の慈愛《じあい》に、私は高鳴《たかな》る心臓《しんぞう》の鼓動《こどう》を抑《おさ》えることができなかった。

夕刻《ゆうこく》、私は自《みずか》ら、真実《しんじつ》と虚偽《きょぎ》とを明確《めいかく》にするために、決意《けつい》の極《きわ》まる心《こころ》をもって、大阪府警《ふけい》に出頭《しゅっとう》した。

そして、午後七時、待《ま》ち受けていたかのように、逮捕《たいほ》、投獄《とうごく》されたのである。戸田先生の出獄《しゅつごく》と、ほぼ同日《どうじつ》同時刻《じこく》であった。妙法とは、なんと不思議《ふしぎ》なる法則《ほうそく》か。悲嘆《ひたん》の心は、豁然《かつぜん》と開かれ、喜悦《きえつ》へと変わった。

時に、私は二十九歳——。

私の逮捕は、全《まった》くの冤罪《えんざい》であった。参院《さんいん》大阪地方区《ちほうく》の補欠選挙《ほけつせんきょ》（一九五七年四月）で、最高責任者《せきにんしゃ》の私が、買収等《ばいしゅうとう》の選挙違反《いはん》を指示《しじ》したという容疑《ようぎ》である。

熱心《ねっしん》さのあまり、戸別訪問《こべつほうもん》をしてしまい、逮捕された会員がいたことに、私は胸《むね》を痛《いた》めていたが、買収など、私とは全く関係のないことであった。

だが、新聞各紙《かくし》には「池田渉外《しょうがい》部長を逮捕」の見出《みだ》しが躍《おど》り、「創価学会の

〝電撃作戦《でんげきさくせん》〟といわれる選挙違反《せんきょいはん》に重要《じゅうよう》な役割《やくわり》を果《は》たしていた疑《うたが》い」などと、盛《さか》んに書き立てられた。

当時、マスコミは、当局《とうきょく》の意向《いこう》をそのまま反映《はんえい》し、選挙違反は、学会の組織的《そしきてき》犯行《はんこう》であり、学会は、反社会的団体《だんたい》であるかのようなイメージを流《なが》していったのである。

勾留中《こうりゅうちゅう》、関西の友《とも》には、特に、多大《ただい》なご心配《しんぱい》をおかけした。一目《ひとめ》、私に会いたいと、炎天下《えんてんか》に、何時間も立っていた方々《かたがた》もおられたと伺《うかが》った。申《もう》し訳《わけ》ない限《かぎ》りである。

当局は、逮捕《たいほ》した会員たちを脅《おど》し上げ、選挙違反は、ことごとく、私の指示《しじ》であったとする虚偽《きょぎ》の供述《きょうじゅつ》をさせ、罪《つみ》を捏造《ねつぞう》していった。

私への取り調《しら》べは、過酷《かこく》を極《きわ》めた。

夕食《ゆうしょく》も抜きで、深夜《しんや》まで責《せ》め立てられたこともあった。手錠《てじょう》をかけられたま

ま、屋外《おくがい》に連《つ》れ出され、さらしもののようにされたこともあった。

獄中《ごくちゅう》で、私は御書を拝《はい》した。本《ほん》も読《よ》んだ。ユゴーは、私に、「戦《たたか》え！　負《ま》けるな！」と、励《はげ》ましと勇気《ゆうき》を送《おく》ってくれた。そのユゴーは亡命《ぼうめい》十九年。インドのネルーも投獄《とうごく》九回、獄窓《ごくそうやく》約九年に及《およ》んでいる。

いわんや、大聖人を思え！　牧口先生を思え！　戸田先生を思え！

私は、断《だん》じて屈《くっ》しなかった。創価の誇《ほこ》りがあった。

すると検事《けんじ》は、遂《つい》に、罪《つみ》を認《みと》めなけ

れば、学会本部を手入《てい》れし、戸田会長を逮捕《たいほ》すると、言い出した。脅迫《きょうはく》にも等《ひと》しい言辞《げんじ》である。

私はよい。いかなる迫害《はくがい》にも耐《た》える。しかし、先生のお体《からだ》は衰弱《すいじゃく》の極《きわ》みにある。再度《さいど》の投獄《とうごく》ともなれば、死《し》にも、つながりかねなかった。

私の苦悩《くのう》が始まった。

身に覚《おぼ》えのない罪《つみ》など、認《みと》められるはずはない。だが、わが師《し》まで冤罪《えんざい》で逮捕され、まして獄死《ごくし》するような事態《じたい》は、絶対《ぜったい》に避《さ》けなければならない。

〝権力《けんりょく》の魔性《ましょう》〟の陰険《いんけん》さ、恐《おそ》ろしさを肌身《はだみ》で感じつつ、眠《ねむ》れぬ夜を過《す》ごした。

そして、決断《けつだん》した。

〝ひとたびは、罪を認めるしかない。そして、裁判《さいばん》の場で、必《かなら》ず、無《む》実《じつ》を証明《しょうめい》して、正義《せいぎ》を満天下《まんてんか》に示《しめ》すことが賢明《けんめい》かもしれない〟と。

その日から私の、まことの人権闘争《じんけんとうそう》が、「正義は必ず勝つ」との大逆転《だいぎゃくてん》のドラマが開始されるのだ。

戸田先生は、七月の十二日には、蔵前《くらまえ》の旧国技館《きゅうこくぎかん》で東京大会《たいかい》を開かれ、私の即《そく》時釈放《じしゃくほう》を要求《ようきゅう》された。

また、足《あし》もともおぼつかぬ憔悴《しょうすい》したお体《からだ》で、手摺《てすり》にしがみつくようにして階段《かいだん》を上《のぼ》り、大阪地検《ちけん》にも抗議《こうぎ》に行かれた。後《のち》にその話《はなし》を聞き、師《し》のありがたさに、私は涙《なみだ》した。

広宣流布《こうせんるふ》とは〝権力《けんりょく》の魔性《ましょう》〟との壮絶《そうぜつ》なる闘争《とうそう》である。メロドラマのような、その場限《かぎ》りの、浅《あさ》はかな感傷《かんしょう》の世界《せかい》では断《だん》じてない。

大聖人は、大難《だいなん》の嵐《あらし》のなか、「本《もと》より存知《ぞんち》の上」（御書九五一ジペー）と、厳然《げんぜん》と仰《おお》せられた。

私は、恩師《おんし》・戸田先生の弟子《でし》である。もとより「革命《かくめい》は死《し》なり」と覚悟《かくご》してきた。広宣流布とは、殉難《じゅんなん》を恐《おそ》れぬ創価の勇者《ゆうしゃ》によってのみ、成就《じょうじゅ》される聖業《せいぎょう》といえるのだ。

青年よ、民衆《みんしゅう》の勝利《しょうり》のために〝師子《しし》〟となって立ち上がれ！

そして、友《とも》のために走《はし》れ！
何ものも恐《おそ》れるな！
出《いで》よ！　幾万《いくまん》、幾十万のわが門下《もんか》たちよ！

時代のすべては、やがて移《うつ》り変わる。
花《はな》が乱《みだ》れ咲《さ》く時もあろう。
悪魔《あくま》たちが正義《せいぎ》を葬《ほうむ》り去《さ》ろうとする狂気《きょうき》の時代《とき》もあろう。
しかし、黄金《おうごん》の道《みち》をつくれ！
歩《あゆ》め！　極善《ごくぜん》の一歩《いっぽ》を踏《ふ》み出すのだ！
創価の宝《たから》である、師弟不二《していふに》なる若《わか》き弟子《でし》たちよ！

「7・17」の誓い

「正義は必ず勝つ」を断じて証明

一九九九年七月十四日

ギリシャの哲人《てつじん》プラトンの、有名《ゆうめい》な『ソクラテスの弁明《べんめい》』のなかに、師《し》・ソクラテスの言葉が記《しる》されている。

「もしわたしが、罪《つみ》を着せられるとすれば、(中略) 多くの人たちの中傷《ちゅうしょう》と嫉妬《しっと》が、そうするのです。まさにそれこそが、他《ほか》にも多くのすぐれた善《よ》き人たちを罪に陥《おと》したものなのでして、これからもまた罪を負《お》わせることになるでしょう」(田中美知太郎訳)

いうまでもなく、ソクラテスは、当時の権力者《けんりょくしゃ》たちによって、罪なき身でありながら、罪人《ざいにん》にされ、独房《どくぼう》に入れられ、死刑《しけい》になった。

よく戸田先生も、「歴史上《れきしじょう》、嫉妬《しっと》・中傷《ちゅうしょう》する人間が、いかに多くの『正義《せいぎ》の人』を苦《くる》しめてきたことか。これが現実《げんじつ》だ」と厳《きび》しく指摘《してき》しておられた。

大聖人も、御自身《ごじしん》の流罪《るざい》・死罪《しざい》の大難《だいなん》は、悪人《あくにん》の「讒言《ざんげん》」によるものであると仰《おお》せである。〈「讒言を企《くわだ》てて余《よ》が口《くち》を塞《ふさ》がんとはげみしなり」（御書三四八㌻）、「国主《こくしゅ》も讒言を収《い》れて流罪し頸《くび》にも及《およ》ばんずらん」（御書三五六㌻）等〉

つまり、大聖人をただ陥《おとしい》れるために、嫉妬によってデッチ上げられた罪《つみ》であり、あまりにもむごい刑であった。

皆様方《がた》もご存《ぞん》じの通り、私が大阪府警《ふけい》に出頭《しゅっとう》し、選挙違反《せんきょいはん》の容疑《ようぎ》で逮捕《たいほ》されたのは、一九五七年（昭和《しょうわ》三十二年）の「七月三日」であり、出獄《しゅつごく》したのが「七月十七日」である。

特に、十七日のその日は、大阪拘置所《こうちしょ》の独房にいた私の耳《みみ》にも、朝《あさ》から、わが同志《どうし》である音楽隊《おんがくたい》の勇壮《ゆうそう》なる学会歌の調《しら》べが聞こえた。

正午過《しょうごす》ぎ、私は釈放《しゃくほう》された。

拘置所《こうちしょ》の鉄の扉《とびら》の前には、数百人もの同志《どうし》が、私を待《ま》っていてくれた。

私が外《そと》に出ると、拍手《はくしゅ》がわき起《お》こった。照《て》りつける夏《なつ》の太陽がまぶしかった。

「ありがとう！　ご心配《しんぱい》をおかけしました。私は、このように元気《げんき》です！」

すると、誰《だれ》からともなく、「万歳《ばんざい》！」の声《こえ》があがり、やがて皆の喜《よろこ》びの唱和《しょうわ》となった。私の投獄《とうごく》を、わがことのように心配し、悲《かな》しみ、憤《いきどお》った、関西の同志たち。私は、その真心《まごころ》への感謝《かんしゃ》を、絶対《ぜったい》に一生涯忘《いっしょうがいわす》れることはないだろう。


この日の夕刻《ゆうこく》には、堂島川《どうじまがわ》を挟《はさ》んで、大阪地検《ちけん》のある建物《たてもの》の対岸《たいがん》に建《た》つ、中之島《なかのしま》の中央公会堂《こうかいどう》で、大阪大会《たいかい》が行《おこな》われることになっていた。

大阪府警《ふけい》、並《なら》びに大阪地検への抗議集会《こうぎしゅうかい》である。

私は、東京から来《こ》られる戸田先生を、お迎《むか》えするため、直《ただ》ちに空港《くうこう》に向かった。

七月三日以来、二週間《しゅうかん》ぶりにお会いした先生は、さらに憔悴《しょうすい》しておられ、胸《むね》を突《つ》かれた。しかし、先生は、にっこりとして言われた。

「戦《たたか》いはこれからだよ。御本尊様は、すべてわかっていらっしゃる。勝負《しょうぶ》は裁《さい》判《ばん》だ。裁判長は必《かなら》ずわかるはずだ」

未来《みらい》を予見《よけん》されたかのような、確信《かくしん》に満《み》ち満ちた言葉であった。

一方《いっぽう》、この日の夕刊《ゆうかん》は、小《ちい》さな記事《きじ》で、大阪地検《ちけん》が私を「処分未定《しょぶんみてい》のまま釈放《しゃくほう》した」とし、「同地検では起訴《きそ》はまぬがれないとみている」と伝《つた》えていた。

赤煉瓦《あかれんが》と青銅屋根《せいどうやね》の、堂々《どうどう》たる中之島《なかのしま》の公会堂《こうかいどう》では、大阪大会《たいかい》が始まろうとしていた。

「罪《つみ》もない池田室長《しっちょう》を、牢獄《ろうごく》につないだ権力《けんりょく》が憎《にく》い！」

「絶対《ぜったい》に許《ゆる》さない！」

会場は、義憤《ぎふん》に燃《も》えた同志《どうし》で埋《うず》まり、場外《じょうがい》にも一万数千人があふれた。

皆、私とともに立ち、ともに泣《な》き、ともに笑《わら》い、生涯《しょうがい》、私とともに戦い抜こうと決意《けつい》された真実《しんじつ》の同志である。

午後六時開会《かいかい》。しばらくすると、晴《は》れていた空《そら》が一転《いってん》、黒雲《くろくも》に覆《おお》われ、豪雨《ごうう》となった。稲妻《いなずま》が走《はし》り、雷鳴《らいめい》が轟《とどろ》いた。横暴《おうぼう》なる権力《けんりょく》への、諸天《しょてん》の怒《いか》りだ！――と、誰《だれ》もが自然《しぜん》のうちに感じとっていた。

会場周辺《しゅうへん》にいた警察官《けいさつかん》は、いちはやく退避《たいひ》し、雨《あめ》をしのいでいたが、同志《どうし》は、ずぶ濡《ぬ》れになりながら、スピーカーから流《なが》れる声《こえ》に耳《みみ》を傾《かたむ》けていた。

場内《じょうない》は熱気《ねっき》に包《つつ》まれていた。

壇上《だんじょう》にあって私は、お痩《や》せになられた先生の背中《せなか》を見つめつつ、早《はや》くまたお元気《げんき》になっていただきたいと、ただただ心《こころ》で祈った。

登壇《とうだん》した私は、短《みじか》く訴《うった》えた。

「最後は、信心しきったものが、大御本尊様を受持《じゅじ》しきったものが、また、正《ただ》しい仏法が、必《かなら》ず勝つという信念《しんねん》で戦《たたか》いましょう！」

じつは、出所《しゅっしょ》したばかりでもあり、戸田先生が〝挨拶《あいさつ》は、簡単《かんたん》に一言《ひとこと》だけにした方《ほう》がいい〟と囁《ささや》いてくださったのだ。


「戦いは、負《ま》けてはならない。絶対《ぜったい》に、負けてはならない！」

この日から、それが関西の合言葉となり、今日《こんにち》まで伝統《でんとう》となってきたことは、知る人ぞ知るである。

そして、この「七月十七日」を〝不敗《ふはい》の原点《げんてん》〟の日として、関西は、誉《ほま》れ高き「常勝関西《じょうしょうかんさい》」へと、断固《だんこ》として生まれ変わった。

大阪事件《じけん》の裁判《さいばん》は四年半《はん》の長《なが》きにわたり、公判《こうはん》は八十四回を数《かぞ》えることになる。弁護士《べんごし》たちは、私に言った。

「無実《むじつ》であっても、検察《けんさつ》の主張《しゅちょう》を覆《くつがえ》すことはできない。有罪《ゆうざい》は覚悟《かくご》してほしい」

孤軍奮闘《こぐんふんとう》の法廷闘争《ほうていとうそう》である。

その間《かん》に、わが父《ちち》であり、師《し》である戸田先生は逝去《せいきょ》。

そして、私は第三代会長に就任《しゅうにん》していた。もし、私が有罪になれば、宗教法人《ほうじん》法《ほう》の規定《きてい》によって、代表役員《やくいん》である会長職を辞任《じにん》しなくてはならない。ともあれ、学会員の動揺《どうよう》は大きくなるばかりであろう。

私は、戸田先生の、「裁判長《さいばんちょう》は必《かなら》ずわかる」とのお言葉を信じきって、法廷での戦《たたか》いを行《おこな》ってきた。

そして、逮捕《たいほ》から約《やく》千六百七十日後の、一九六二年（昭和《しょうわ》三十七年）一月二十五日、裁判所は判決《はんけつ》を下《くだ》した。

「池田大作、無罪《むざい》！」

遂《つい》に、冤罪《えんざい》は晴《は》れた。

正義《せいぎ》の太陽は、闇《やみ》を破《やぶ》って、大空《おおぞら》に赫々《かっかく》と昇《のぼ》った。

ともあれ、いかなる時代になっても、わが創価学会に対する迫害《はくがい》の構図《こうず》は変わらない。

しかし、仏法の鏡《かがみ》に照《て》らせば、難《なん》こそ誉《ほま》れである。邪悪《じゃあく》と戦《たたか》う大闘争心《だいとうそうしん》に「創価の魂《たましい》」は、「師弟《してい》の精神《せいしん》」は、脈打《みゃくう》ち続けるのだ。

文豪《ぶんごう》・ユゴーは叫《さけ》んだ。

「流人《るにん》よ！　額《ひたい》を上げよ、而《しか》して此《こ》の光明《こうみょう》に輝《かがや》かせ！

我々の額を上げよう、若《も》しも国民《こくみん》が、『此等《これら》の人々の額を照《てら》すものは何ぞ？』と問《と》う時、『来《きた》らんとする革命《かくめい》の光明なり』と答《こた》え得《う》るために」（神津道一訳）

その日、勝利《しょうり》の太陽に包《つつ》まれ、不屈《ふくつ》の人権闘争《じんけん》の炎《ほのお》は燃《も》え上がった。

忘《わす》れまじ、全同志《ぜんどうし》の真心《まごころ》を！

忘れまじ、七月十七日！

同志とともに

世界の人々の故郷・北海道

おお、無名の英雄の〝開拓魂《かいたくだましい》〟の声よ！

一九九九年二月三日

北海道《ほっかいどう》と私は一つだ。常《つね》に広き曠野《こうや》が、私の胸《むね》を走《はし》る。
凍《こお》りついた大地《だいち》を、わが友《とも》が、いつも苦《くる》しみを歓喜《かんき》の劇《げき》に変えながら、そして使命《しめい》と喜《よろこ》びの杯《はい》を交《か》わしながら、歩《あゆ》みゆく姿《すがた》を思う時、熱《あつ》い活発《かっぱつ》な魂《たましい》が、私の胸に躍《おど》る。

四十年前のあの日も、北海の大地は美《うつく》しく、雄大《ゆうだい》であった。
朝《あさ》、小樽《おたる》を出て、約五時間。見渡《みわた》す限《かぎ》り、白銀《はくぎん》の雪景色《ゆきげしき》を見つめながら、私は初《はじ》めての旭川訪問《あさひかわほうもん》の第一歩《だいいっぽ》を印《しる》した。

一九五九年（昭和《しょうわ》三十四年）の一月十六日のことである。

戸田先生の逝去《せいきょ》から初めて迎《むか》えた新年でもある。私は、恩師《おんし》の故郷《こきょう》・北海道《ほっかいどう》を舞台《ぶたい》に、自分の心《こころ》の重《おも》きを置《お》くことを、決意《けつい》していた。過去《かこ》の悲《かな》しみを踏《ふ》み越《こ》え、未来《みらい》の太陽と月と星《ほし》を友《とも》としながら、北海道をめざした。

初めて下車《げしゃ》する旭川の駅《えき》は、零下《れいか》一〇度であった。しかし、迎えてくれた友の心は、太陽のように輝《かがや》いていた。

私は、指導会に直行《ちょっこう》した。そこには、稚内《わっかない》や網走《あばしり》、北見《きたみ》、紋別《もんべつ》、留萌《るもい》などからも、同志《どうし》が来ておられたからである。その大切《たいせつ》な、尊敬《そんけい》する友のために、少《すこ》しでも早《はや》く、お目にかかりたかったのである。

会場に入《はい》り切れなかった男女青年部は、雪《ゆき》の舞《ま》う窓外《そうがい》で、私の話《はなし》を聞いてくれた。突然《とつぜん》、屋根《やね》の雪が頭《あたま》に落《お》ちても、身動《みじろ》ぎもせず、求道《きゅうどう》の炎《ほのお》を燃《も》やしていたと後《あと》から伺《うかが》って、合掌《がっしょう》する思いであった。

――北海道へ発《た》つ前のこと、ある幹部が「もっと暖《あたた》かい時に行かれたらいいの

に」と、つぶやいた。その声《こえ》の響《ひび》きは、批判的《ひはんてき》なものさえ、感じられた。有名《ゆうめい》大学出身《しゅっしん》の、要領《ようりょう》のいい幹部であったと記憶《きおく》する。

「幹部が、率先《そっせん》して一番困難《こんなん》なところにあたるのだ。法華経《ほけきょう》は〝冬《ふゆ》の信心〟ではないか！」

もっとも厳《きび》しい場所で戦《たたか》い、そこで勝ってこそ、真実《しんじつ》の広宣流布《こうせんるふ》の実像《じつぞう》がある。

そして、苦難《くなん》の吹雪《ふぶき》のなか、健気《けなげ》に頑張《がんば》っている人を、仏《ほとけ》と思い、菩薩《ぼさつ》と尊敬《そんけい》し、励《はげ》ましてこそ、真実の同志《どうし》である。

この厳冬《げんとう》の旅《たび》では、私は、小樽《おたる》、夕張《ゆうばり》、札幌《さっぽろ》と、戸田先生とともに戦《たたか》った〝古《こ》戦場《せんじょう》〟も回った。同志《どうし》と、ともに歌を歌い、わが兄弟《きょうだい》の青春を燃《も》やして歩《あゆ》んだ、懐《なつ》かしき園《その》の道《みち》を、胸《むね》を張《は》って進《すす》んだ。

北海道《ほっかいどう》は、牧口先生、戸田先生の宿縁深厚《しゅくえんじんこう》の天地《てんち》である。

そして、私が、北海道を初訪問《はつほうもん》した一九五四年（昭和《しょうわ》二十九年）の夏《なつ》から、今《こ》年《とし》（一九九九年＝平成《へいせい》十一年）でちょうど四十五周年になる。

ともあれ、その時、戸田先生の故郷《こきょう》の厚田村《あったむら》にお供《とも》させていただいたことは、一生涯《いっしょうがい》、忘《わす》れることはできない。

あの日、私は一人《ひとり》、厚田の海岸《かいがん》に立ち、海《うみ》を見つめながら、アジア、そして世《せ》界《かい》の妙法流布《るふ》の、喜《よろこ》びと苦《くる》しみの交差《こうさ》した旅路《たびじ》の夢《ゆめ》を呼吸《こきゅう》したのであった。

一九七九年（昭和五十四年）の十一月十六日、創価学会の創立記念《そうりつきねん》の本部幹部会でのことである。

当時、学会を引《ひ》き裂《さ》き、崩壊《ほうかい》をもくろんでいた、何人ものずる賢《がしこ》き幹部たちがいた。邪悪《じゃあく》の坊主《ぼうず》らは、彼らを使《つか》って、学会を蹂躙《じゅうりん》しようとしていた。

その時、一人《ひとり》の、老《お》いたる、しかし、意志《いし》は鉄の如《ごと》き勇者《ゆうしゃ》が立ち上がった。そこには、新《あたら》しき、永遠《えいえん》の学会厳護《げんご》の響《ひび》きと輝《かがや》きがあった。

「私は、北海道《ほっかいどう》の天売《てうり》大B（大ブロック）の七十二歳になる、ごらんの通りのおじいちゃん大B長です！」

その体験発表《たいけんはっぴょう》の第一声《だいいっせい》は、東京・巣鴨《すがも》の戸田記念講堂の空気《くうき》を一変《いっぺん》させた。

佐賀佐一《さがさいち》さん。数《かぞ》えで七十二歳の大ブロック長（現在《げんざい》の地区《ちく》部長）で、日本海に浮《う》かぶ天売島の〝一粒種《ひとつぶだね》〟である。

一九五五年（昭和三十年《しょうわ》）に入会《にゅうかい》し、「気が狂《くる》ったのか」と嘲《あざけ》られながら、島中《しまじゅう》を折伏《しゃくぶく》して歩《ある》いた。二度の大怪我《おおけが》も克服《こくふく》し、今では島随一《ずいいち》のホテルを営《いとな》み、地域《ちいき》の絶大《ぜつだい》な信頼《しんらい》を勝ち得《え》ているとの、すばらしい体験であった。

――私は、それを控室《ひかえしつ》で聞いていた。

最後に佐賀さんは、こう宣言《せんげん》されたのである。

「……私は七十二歳の老齢《ろうれい》なれど、今なお、激流《げきりゅう》のごとき情熱《じょうねつ》をもち、果《は》てしなく広がる大空《おおぞら》のごとき夢《ゆめ》をもち、しんしんとして降《ふ》り積《つ》もる雪《ゆき》のごとき清純《せいじゅん》さをもって、生涯《しょうがい》青年の意気《いき》で、八十歳の年を迎《むか》えるまでに、天売島《てうりとう》の広布《こうふ》を実現《じつげん》しよう！

それが、八十歳でなお広布が実現しなかった時は、石《いし》にかじりついても百歳まで生きよう。それでやり遂《と》げてみせるという、鉄石《てっせき》の決意《けつい》で戦《たたか》い続ける覚悟《かくご》でございます！」

当時、学会を守るべき最高幹部は、学会潰《つぶ》しの迫害《はくがい》に怖《お》じけたかのように、広布を叫《さけ》ぶ気概《きがい》さえ弱《よわ》くなっていた。ところが、この北海道《ほっかいどう》の〝一壮年《いちそうねん》〟が大闘争《だいとうそう》を獅子吼《ししく》したのだ。

私は、快哉《かいさい》を叫んだ。会合が終《お》わったあと、この信心の無名《むめい》の大英雄《だいえいゆう》の肩《かた》を抱《だ》いて激励《げきれい》もした。

それから二十年。現在《げんざい》、島《しま》の住民《じゅうみん》の、じつに、四分《ぶん》の三の方《かた》が学会の理解者《りかいしゃ》となり、約二割《やくにわり》の方《かた》が聖教新聞の長期購読《ちょうきこうどく》をしてくださっているという。

佐賀《さが》さんは、九十歳を超《こ》えた今も、副支部長として、「まだ、若《わか》い者《もの》には負《ま》けません！」と意気軒昂《いきけんこう》である。

誰《だれ》が、なんと言おうが、何があろうが、断固《だんこ》として広宣流布《こうせんるふ》をする！　断じて勝ってみせる！

これが、学会精神《せいしん》である。これが、世界《せかい》の人びとの憧《あこが》れの故郷《こきょう》である、北海道《ほっかいどう》を築《きず》いた〝開拓魂《かいたくだましい》〟である。

この心《こころ》あるかぎり、北海道は、いかなる吹雪《ふぶき》も烈風《れっぷう》も越《こ》えて、新世紀《しんせいき》の希望《きぼう》の春《はる》が、厳然《げんぜん》と始まるにちがいない。

私は、健気《けなげ》な北海道の同志《どうし》の健康《けんこう》と長寿《ちょうじゅ》とを、そして皆が勝利者《しょうりしゃ》であることを、一生涯《いっしょうがい》、祈り続けたい。

東北の新しき春

創価の青葉城に 勝閧響《かちどきひび》け！

一九九九年二月十日

春近《はるちか》し。雪《ゆき》なお深《ふか》き、東北《とうほく》の里《さと》にも、静《しず》かに、また、確実《かくじつ》に、新《あたら》しき春の足音《あしおと》が高まってゆく。

その希望《きぼう》の曲《きょく》の高鳴《たかな》りとともに、私の胸《むね》には、尽《つ》きせぬ泉《いずみ》のごとく、詩情《しじょう》があふれてくる――。

われらの新鮮《しんせん》な心《こころ》は、今日《きょう》も、太陽に堂々《どうどう》包《つつ》まれ昇《のぼ》っていく。

われらの労働《ろうどう》が花咲《はなさ》き、充実《じゅうじつ》の汗《あせ》に踊《おど》る時、そこには、新しき雅楽《ががく》の音《ね》がある。そして、新《あたら》しき花《はな》があり、葉《は》があり、幹《みき》がある。

東北《とうほく》こそ、「冬《ふゆ》は必《かなら》ず春《はる》」という法則《ほうそく》の劇《げき》が、あらゆる栄光《えいこう》の衣装《いしょう》を着て、勝《かち》
鬨《どき》をあげゆく象徴《しょうちょう》の国土《こくど》である。

人も、自然《しぜん》も、その厳粛《げんしゅく》なる試練《しれん》と慈悲《じひ》を、どこよりも深《ふか》く知っている。

多くの、多くの人間の運命《うんめい》は暗《くら》い。
しかし、創価には、喜《よろこ》びを、決意《けつい》を、真剣《しんけん》を歓迎《かんげい》する、誠実《せいじつ》な幸福《こうふく》の香《かお》りが、
あの地にも、この地にも、光《ひか》り輝《かがや》いている。
妙法は、帝王《ていおう》であれ、農夫《のうふ》であれ、病者《びょうしゃ》であれ、皆、平等《びょうどう》である。そこには、
寂《さび》しさもなく、孤独《こどく》もない。空虚《くうきょ》な栄華《えいが》もなく、絶望《ぜつぼう》の断崖《だんがい》もない。
妙法は、ひたすらに、あなたに吹《ふ》きそよぐ、幸《しあわ》せな春の曲《きょく》である。
暗闇《くらやみ》に別《わか》れを告《つ》げる、新しき、また美《うつく》しき、若者《わかもの》たちの宮殿《きゅうでん》の世界《せかい》である。

あなたは、一面《いちめん》の銀《ぎん》の大地《だいち》を踏《ふ》みしめて進《すす》む。

あの地、この地の、平凡《へいぼん》な自分の家《いえ》も、同志《どうし》の家も、窓辺《まどべ》で振《ふ》ってくれる手は、無上《むじょう》の最高のご馳走《ちそう》である。

そこには、幸福《こうふく》という人間の真髄《しんずい》の響《ひび》きが漂《ただよ》う。

われら広布《こうふ》の英雄《えいゆう》には、妙法の長者《ちょうじゃ》には、大地も永遠《えいえん》の宝土《ほうど》であり、寒《さむ》き海辺《うみべ》もまた、三世《さんぜ》の陽気《ようき》な楽土《らくど》である。

われらが眺《なが》める星《ほし》は、不屈《ふくつ》の意志《いし》の星と映《うつ》り、消《き》えることのないその光《ひかり》は、自身《じしん》の胸《むね》の中《なか》に昇《のぼ》る。決然《けつぜん》と、決然と、穏《おだ》やかに——。

冷《つめ》たい夜空《よぞら》にも、一番星の夢《ゆめ》は輝《かがや》き、耐《た》え抜いた一日の栄光《えいこう》と崇高《すうこう》の風《かぜ》が、暖《あたた》かい。


嵐《あらし》よ、勝手《かって》に吠《ほ》えろ！

吹雪《ふぶき》よ、笑《わら》うなら笑え！

かえって、私の心《こころ》は躍《おど》る。

私たちには、幾千万《いくせんまん》の諸天《しょてん》と諸仏《しょぶつ》の加護《かご》がある。

われらには、名聞名利《みょうもんみょうり》の位《くらい》の高下《こうげ》もなく、大小《だいしょう》もない。

一心《いっしん》に、妙法の人生《じんせい》に生きる「尊極《そんごく》の宝塔《ほうとう》」として、恐《おそ》れなくそびえ立つ。

吠《ほ》え騒《さわ》ぐ風《かぜ》よ！　われらを非難《ひなん》しても無駄《むだ》である。汝自身《なんじじしん》の本性《ほんしょう》を知るがよい。

その弱《よわ》さを、迷妄《めいもう》、嫉妬《しっと》、卑《いや》しき心《こころ》の毒気《どくけ》を！

仏法は「現当二世《げんとうにせ》」と説《と》く。ゆえに人は、この世に生まれた時から、新《あら》たな人生の旅《たび》の、出発《しゅつぱつ》の連続《れんぞく》である。その生命《せいめい》の出発《しゅっぱつ》を勇敢《ゆうかん》に勝ちゆく人は、死《し》ぬ時もまた、永遠《えいえん》の勝利《しょうり》の人となる。

汝自身《なんじじしん》の、見えない厳《きび》しき掟《おきて》を知らねばならない。

その眼《まなこ》に照《て》らせば、悪《あく》は、ことごとく思い上がりであり、嫉妬《しっと》であり、愚《おろ》かさなのである。まぶしい太陽に遇《あ》って消《き》えゆく、はかなき残雪《ざんせつ》にすぎない。

幸福《こうふく》の源泉《げんせん》である、至善至高《しぜんしこう》の妙法こそ、なにものも勝《まさ》るものはないことを、知れ！

頑昧迷路《がんまいめいろ》な横着者《おうちゃくもの》には、たとえ幸福の泉《いずみ》はあれども、その水《みず》は汲《く》めない。穴《あな》の開《あ》いている桶《おけ》であるからだ。

誰《だれ》が見ていなくとも、あの友《とも》のために歩《ある》いた、雪原《せつげん》の一本《いっぽん》の道《みち》は、永遠《えいえん》の喜《よろこ》びと安穏《あんのん》の王宮《おうぐう》へと通じている。

広宣流布《こうせんるふ》という、われらの奉仕《ほうし》は、そのなかに幸福という至善の光《ひかり》を浴《あ》びて、さらに、さらに、光輝《こうき》ある勝利の大地《だいち》へと、顕現《けんげん》していくのである。

——長《なが》い冬《ふゆ》を耐《た》え抜いた、東北《とうほく》の同志《どうし》を思うと、私は、いつも、いつも、飛《と》んでいって励《はげ》ましたい気持ちである。

ともあれ、二月は、戸田先生のお誕生《たんじょう》の月である。ご存命《ぞんめい》であれば、明《みょう》十一日で九十九歳となられる。

先生とともに歩《あゆ》んだ一日一日は、私の黄金《おうごん》の歴史《れきし》であり、栄冠《えいかん》である。

東北にも、幾度《いくたび》か、先生のお供《とも》をさせていただいた。

四十五年前の春《はる》、青葉城《あおばじょう》(仙台城《せんだいじょう》)址《し》にご一緒《いっしょ》して、広布《こうふ》の大ロマンをお伺《うかが》いしたことは、あまりにも懐《なつ》かしい。

「創価学会は、人材《じんざい》をもって城《しろ》を築《きず》いていくのだ!」とは、先生のご遺言《ゆいごん》である。

「仙台城」は、かつて「千代城《せんだいじょう》」と呼《よ》ばれていた。

この東北の天地《てんち》に、千代、万代《ばんだい》に絶対《ぜったい》に崩《くず》れぬ、創価の模範《もはん》となるべき、厳《げん》たる人材城を築きゆけ!

それが、恩師《おんし》の深《ふか》き期待《きたい》であり、叫《さけ》びであり、遺言《ゆいごん》であった。
自然《しぜん》も、人生《じんせい》も、厳《きび》しき冬《ふゆ》を越《こ》えてこそ、春《はる》は美《うつく》しい。
苦難《くなん》に鍛《きた》えられてこそ、金剛不滅《こんごうふめつ》の土台《どだい》は築《きず》かれる。
今、わが東北《とうほく》は、完璧《かんぺき》にできあがってきた。
わが創価の城《しろ》に轟《とどろ》く勝鬨《かちどき》に、私の心《こころ》は熱《あつ》くなる。

わが共戦の天地

東北が健在なら　日本は健在！

一九九九年二月二十四日

ナポレオンいわく。

「フランスでは　大衆《たいしゅう》に頼《たよ》ってしか　偉大《いだい》なことはできない」（大塚幸男訳）

これは、不滅《ふめつ》の言葉である。

先日来《せんじつらい》、多くの東北《とうほく》の友《とも》から、大空《おおぞら》に舞《ま》い上がるがごとく、元気《げんき》はつらつたる手紙《てがみ》が届《とど》いている。

ともあれ、「広宣流布《こうせんるふ》の聖火《せいか》」は、東北の仙台《せんだい》から燃《も》え上がった。

戸田先生が、七十五万世《せ》帯《たい》の大折伏《だいしゃくぶく》を宣言《せんげん》されるや、真《ま》っ先《さき》に立ち上がった地《ち》方《ほう》支部こそ、仙台《せんだい》支部であった。

先生は、この新生《しんせい》の天地《てんち》をこよなく愛《あい》され、幾度《いくたび》となく、弟子《でし》を連《つ》れて、全力《ぜんりょく》で東北《とうほく》に走《はし》った。先生の訪問《ほうもん》は、わずか七年たらずの間《あいだ》に、なんと、十六回を数《かぞ》えている。

「師《し》と共に立つ！」――これこそ、わが東北の同志《どうし》の胸《むね》に、熱《あつ》く脈《みゃく》打《う》つ血《ち》潮《しお》であった。

今日《こんにち》の「大関西」が、大阪支部として発足《ほっそく》した当初、「目標《もくひょう》」にしたのも、この東北・仙台支部だったことは、有名《ゆうめい》な事実《じじつ》の物語《ものがたり》である。

私が恩師《おんし》の命《めい》を受け、初《はじ》めて青葉《あおば》の仙台を訪《おとず》れたのは、一九五一年（昭和《しょうわ》二十六年）、二十三歳の夏《なつ》であった。

以来、東北にわが足跡《そくせき》を印《しる》すこと、五十一回――。

思えば、牧口先生も、二度、福島《ふくしま》に折伏に来《こ》られた。

東北《とうほく》の豊《ゆた》かな大地《だいち》には、初代《しょだい》会長以来の折伏精神《しゃくぶくせいしん》が、生き生きと流《なが》れている。

ある日、ある時、戸田先生は、東北の弟子《でし》を前に、朗《ほが》らかにこう言われた。

「青森《あおもり》は、『頭《こうべ》』である。

岩手《いわて》、秋田《あきた》は『両肺《りょうはい》』であり、『両腕《りょううで》』である。

宮城《みやぎ》は『心臓《しんぞう》』であり、『肝臓《かんぞう》』であろう。

すると、山形《やまがた》は不屈《ふくつ》の意志《いし》を蔵《ぞう》した『心』であろうか。

そして福島《ふくしま》は、大地に立つ『足《あし》』であり、『腰《こし》』である」

また、日蓮大聖人はここから見ると、日本は丑寅《うしとら》、すなわち「東北」の方《ほう》角《がく》にあたると仰《おお》せである。

「此《こ》の法《ほ》華経《けきょう》は東北の国に縁《えん》ふかし」（御書一三〇九ジペー）とは、日本国、さらには、わが東北の天地《てんち》と拝《はい》せられまいか。この東北が健在《けんざい》であれば、日本は健在であるという、重要《じゅうよう》な国土《こくど》世《せ》間《けん》と言わねばならない。

これまで、創価の歴史《れきし》には、わが生命《いのち》を注《そそ》いだ、幾多《いくた》の栄光《えいこう》の大闘争《だいとうそう》があった。一万一千百十一世帯《せたい》の弘教《ぐきょう》の金字塔《きんじとう》を打ち立てた、関西の大法戦《だいほうせん》がそうだ。北海道《ほっかいどう》の小樽問答《おたるもんどう》、夕張炭労事件《ゆうばりたんろうじけん》がそうだ。

そして、わが東北《とうほく》でも、この美《うつく》しき山河《さんが》を疾駆《しっく》し、幾度《いくたび》も、幾度も、激戦《げきせん》を重《かさ》ねてきた。すべて、あの青葉城《あおばじょう》で、恩師《おんし》に誓《ちか》った「人材《じんざい》の牙城《がじょう》」を築《きず》くための闘《とう》争《そう》であった。

その建設《けんせつ》の脈動《みゃくどう》を、全東北に伝《つた》えるべく、心臓部《しんぞうぶ》の宮城《みやぎ》が、常《つね》に、わが陣列《じんれつ》の本拠《ほんきょ》となっていったのはいうまでもない。

福島《ふくしま》には、私が青春の炎《ほのお》を燃《も》やした、盤石《ばんじゃく》な攻防戦《こうぼうせん》がある。それは、ある寺《てら》の〝謗法払《ほうぼうばら》い〟をめぐる、住職《じゅうしょく》と旧檀徒《きゅうだんと》の対立《たいりつ》から起《お》きた事件であった。

一九五三年（昭和《しょうわ》二十八年）の五月、二十五歳の私は、現地《げんち》に急行《きゅうこう》した。堂々《どうどう》と日蓮仏法の正義《せいぎ》と真実《しんじつ》を叫《さけ》び、さらに記者会見《きしゃかいけん》を行《おこな》って、誤解《ごかい》と悪意《あくい》を打ち破《やぶ》ったのである。

その舞台《ぶたい》である金上村《かながみむら》は現在《げんざい》、会津坂下町《あいづばんげまち》となっているが、創価大学と同町《どうちょう》が合同《ごうどう》で古墳《こふん》を発掘《はっくつ》し、このほど貴重《きちょう》な「銅鏡《どうきょう》」が、発見《はっけん》されたことは、不思議《ふしぎ》な

縁《えにし》を感じてならない。

また、山形《やまがた》は、私が「アルカディア(理想郷《りそうきょう》)」の建設《けんせつ》を託《たく》した、人の心清《こころきよ》き国土《こくど》である。私のつくった東北《とうほく》の歌「青葉《あおば》の誓《ちか》い」を、一番最初に歌ってくださったのも山形だ。わが郷土《きょうど》に「希望《きぼう》の太陽」を昇《のぼ》らせる先駆《せんく》は、山形がモデルとなっていただきたい。

厳冬《げんとう》の岩手《いわて》でも、二十年前、私は〝地域革命《ちいきかくめい》の勇者《ゆうしゃ》たれ〟と渾身《こんしん》の指揮《しき》をとった。あの日、広大《こうだい》な大地《だいち》のあちらこちらから集《つど》って来《こ》られた友《とも》は、夜《よ》中《なか》まで引きも切らず、一日で八千人に及《およ》んだ。その一騎当千《いっきとうせん》のお一人《ひとり》おひとりに、私は合掌《がっしょう》する思いで励《はげ》まし続けたのである。

秋田《あきた》では、あの「雪《ゆき》の進軍《しんぐん》」の大闘争《だいとうそう》がある。

一九八二年（昭和《しょうわ》五十七年）一月、毒蛇《どくじゃ》のごとき坊主《ぼうず》の迫害《はくがい》に耐《た》え、創価の正《せい》義《ぎ》を証明《しょうめい》した友を励ますため、私は、白雪《はくせつ》の秋田に飛《と》んだ。嵐《あらし》に舞《ま》い、吹雪《ふぶき》に胸《むね》を張《は》って前進《ぜんしん》しゆく、わが同志《どうし》との共戦譜《きょうせんふ》は、今も私の胸《むね》に深《ふか》く刻《きざ》まれている。

私の心情《しんじょう》は、常《つね》に東北《とうほく》にある。

一九九一年（平成《へいせい》三年）の八月、青函《せいかん》トンネルを渡《わた》り、あるいはフェリーに乗《の》って、二千人以上の青森《あおもり》の同志が、北海道《ほっかいどう》にいる私のもとへ、銀《ぎん》の波《なみ》のごとく駆《か》けつけてくださった。この尊《とうと》い菩薩《ぼさつ》の皆様を、私は全魂《ぜんこん》を込《こ》めて激励《げきれい》した。海峡《かいきょう》を越《こ》えて、必《かなら》ず正義と勇気《ゆうき》の大波《おおなみ》となることを信じて――。

東北は、曽根《そね》角二郎《かくじろう》、上田《うえだ》金治郎《きんじろう》の両副会長に続いて、現在《げんざい》では、東北大学の大学院出身《しゅっしん》で工学博士《こうがくはくし》の山田《やまだ》邦明《くにあき》東北長を中心として、八百支部・二千九百地区を超《こ》える陣容《じんよう》となり、その後、九百支部を達成《たっせい》、わが法城《ほうじょう》も二百カ所近《ちか》くに大発《だいはつ》展《てん》してきた（個人会館《こじん》を含《ふく》む）。この創価の東北城《とうほくじょう》を築《きず》かれた草創《そうそう》の方々《かたがた》を、私は決《けっ》して忘《わす》れることはできない。

「成功《せいこう》を決定《けってい》する第一の、しかも唯一《ゆいいつ》の条件《じょうけん》は忍耐《にんたい》である」（小沼文彦訳）とは、ロシアの文豪《ぶんごう》・トルストイの至言《しげん》である。

この真理《しんり》の通り、来る日も、来る日も、〝東北魂《だましい》〟で、粘《ねば》り強《づよ》く戦《たたか》ってこられた、偉大《いだい》なる先輩方《せんぱい》であられた。

「千万人と雖《いえど》も吾《わ》れ往《ゆ》かん」（『孟子《もうし》』）

――（おのれに問《と》うて、確《たし》かに自分が正《ただ》しいという信念《しんねん》のあるかぎり）たとえ相手《あいて》が千万人であっても、自分は敢然《かんぜん》と進《すす》んでいこう、との言葉である。

広宣流布《こうせんるふ》の総仕上《そうしあ》げは、わが愛《あい》する東北の使命《しめい》だ。

新《あたら》しき峰《みね》を登《のぼ》り、新しき世紀《せいき》の扉《とびら》を開いた時、いよいよ東北の第二章《だいにしょう》の〝黄金《おうごん》時代〟が始まる。

大中国の陣列

新しき「大勝」の歴史を拓《ひら》け！

一九九九年二月二十七日

おお、君らが、新《あたら》しき朝日《あさひ》を昇《のぼ》らせた！
君たちが、古《ふる》き世をば、勇敢《ゆうかん》に、新しき世に変え抜いた！
君らの誇《ほこ》りは、光《ひかり》となりて、遠《とお》い果《は》てまでも、わが国の誇りを高めた。

おお、新時代の扉《とびら》を開きし勇者《ゆうしゃ》たちよ！
中国《ちゅうごく》の夜明《よあ》けの獅子《しし》たちよ！　明治維新《めいじいしん》の青年たちよ！
命《いのち》を張《は》って、時代を変えた。彼らは見事《みごと》に戦《たたか》い勝った。

過去《かこ》を振《ふ》り返れば、暗《くら》き底《そこ》知れぬ闇《やみ》があった。

現在《げんざい》に目を向ければ、乱世《らんせ》の激流《げきりゅう》が渦巻《うずま》いていた。

その時、君たちは、未来《みらい》を見つめた。君たちは、未来を大歓迎《だいかんげい》した。

不死不滅《ふしふめつ》の決意《けつい》で、歴史《れきし》の深《ふか》みに潜《もぐ》って、新《あたら》しい歴史の塔《とう》を打ち立てた。

偉大《いだい》な人材《じんざい》の中国《ちゅうごく》の天地《てんち》よ！


ある日、ある時、わが師匠《ししょう》が、私に命《めい》じた。

「中国が遅《おく》れている。中国の広宣流布《こうせんるふ》を開拓《かいたく》せよ！」と。

私は「わかりました！」と、即座《そくざ》にお答《こた》えした。

「新しい信仰《しんこう》を謳《うた》いながら、必《かなら》ず私は、人間機関車《きかんしゃ》の如《ごと》く突進《とっしん》します。そして、あの山口《やまぐち》の雄大《ゆうだい》な風景《ふうけい》を貫《つらぬ》いて、広宣流布の反響《はんきょう》をこだまさせて見せます！」

電光石火《でんこうせっか》、出陣《しゅつじん》の準備《じゅんび》を整《ととの》えると、私は飛《と》ぶようにして、近代《きんだい》日本の夜明《よあ》けを開いた、歴史も深き中国の天地に走《はし》った。

一九五六年（昭和三十一年《しょうわ》）の十月のことである。

山口《やまぐち》では、わが同志《どうし》は僅少《きんしょう》であり、全《まった》く広布《こうふ》の拠点《きょてん》のない状態《じょうたい》であった。恩師《おんし》の心《こころ》は、多くの日本の元勲《げんくん》が出た山口に、広布の同志がわずかしかいないというのは、あまりにも情《なさ》けない、と。

その力《ちから》尽きたかのような心情《しんじょう》が、私には深《ふか》くわかっていた。

ある哲学者《てつがくしゃ》は言った。「誓《ちか》って立ちゆく人は、誰《だれ》もが美《うつく》しい」。

わが屍《しかばね》を、この中国《ちゅうごく》で埋《う》める覚悟《かくご》で、私は断固《だんこ》たる指揮《しき》を執《と》り始めた。

この十月を第一陣《だいいちじん》として、翌《よく》十一月、さらに翌年《よくねん》の一月と、私の転戦《てんせん》は、都合《つごう》三度《みたび》にわたった。

〝要衝《ようしょう》の地〟下関《しものせき》に第一歩《だいいっぽ》を印《しる》して、岩国《いわくに》、防府《ほうふ》、山口、柳井《やない》、徳山《とくやま》、宇部《うべ》、そして、日本海側《がわ》の萩《はぎ》……。

私は駆《か》けた。西《にし》へ、東《ひがし》へ。また、北《きた》へ、南《みなみ》へ。

わが激闘《げきとう》の間《ま》にも、瀬戸《せと》の海《うみ》の光《ひかり》は、青年を包《つつ》みて悠然《ゆうぜん》としていた。

日没《にちぼつ》が迫《せま》れば、海流《かいりゅう》は朱《あけ》に染《そ》まり、浮《う》かぶ小《ちい》さき島々《しまじま》にも、金波《きんぱ》が寄《よ》せてゆく。多数《たすう》の帆《ほ》は、外洋《がいよう》に向かう汽船《きせん》であろうか。港《みなと》に響《ひび》くは、品物《しなもの》を運《はこ》ぶ荷車《にぐるま》の音《おと》、威勢《いせい》のいい、人びとの声《こえ》……なんと生きた人間の街《まち》であろうか。

人材《じんざい》を見つけよう！　人材を育《そだ》てよう！　新《あら》たな人材の陣列《じんれつ》をつくろう！

あの地、この地で、私は、名《な》もなき庶民《しょみん》のなかに飛《と》び込《こ》んでいった。

九月末《まつ》に約《やく》四百六十世帯《せたい》であった山口《やまぐち》は、〝開拓《かいたく》指導〟が終《お》わった翌年《よくねん》の一月末には、四千数十世帯へと、およそ十倍《ばい》の飛躍《ひやく》を遂《と》げた。

さらに、その歓喜《かんき》と決意《けつい》の波動《はどう》が、中国《ちゅうごく》の豊《ゆた》かさとなり、肩《かた》を並《なら》べて各県《かくけん》の拡《かく》大《だい》を生んだものである。

「『塵《ちり》も積《つ》もれば山となる』という言葉はあるが、実際《じっさい》には塵が積もって山となったことはない」とは、牧口先生の教《おし》えである。

激《はげ》しい地殻変動《ちかくへんどう》が山をつくるように、熾烈《しれつ》な大闘争《だいとうそう》が偉大《いだい》なる歴史《れきし》をつくる。大悪《だいあく》と戦《たたか》ってこそ、大善《だいぜん》の境涯《きょうがい》はつくられ、大難《だいなん》を越《こ》えてこそ、偉大なる人格《じんかく》はできる。

今日《こんにち》の、大中国《だいちゅうごく》の陣列《じんれつ》も、あの渾身《こんしん》の〝山口《やまぐち》闘争〟で、私とともに戦ってくださった同志《どうし》の尊《とうと》い汗《あせ》と涙《なみだ》で、築《きず》かれたのである。あとは、その上に、自身《じしん》の最高峰の戦いをもって、新《あたら》しき「常勝《じょうしょう》」の歴史を開拓《かいたく》することだ！

戸田先生が、逝去《せいきょ》される前年（一九五七年）のことである。十一月十九日——。先生は翌日《よくじつ》、広島《ひろしま》に行かれるご予定であられた。

しかし、先生のお体《からだ》の衰弱《すいじゃく》は激《はげ》しく、長旅《ながたび》は命《いのち》にかかわると判断《はんだん》した私は、中止《ちゅうし》をお願《ねが》いした。師《し》は叫《さけ》ばれた。

「仏《ほとけ》のお使《つか》いとして、一度《ひとたび》、決めたことがやめられるか！」

「死《し》んでも俺《おれ》を、広島に行かせてくれ！」

九月八日の、あの「原水爆禁止宣言《げんすいばくきんしせんげん》」から、二カ月余《よ》が過《す》ぎていた。

しかし、先生は最早《もはや》、歩《ある》くことさえ危険《きけん》であった。また、医師《いし》たちからも、厳《きび》しく止《と》められていた。

私は「先生の弟子《でし》たちが、大勢《おおぜい》、広《ひろ》島《しま》におります。後継《こうけい》の戦《たたか》う青年が無《む》数《すう》におります。どうか、安心《あんしん》してください」となだめた。

やがて、先生は言われた。「わかった。いっさい、君に任《まか》せる！」。

人間は、いずこより来《きた》りて、いずこへ往《ゆ》かんとするか。

その三世《さんぜ》永遠《えいえん》の生命《せいめい》を知る仏法者こそ、大哲人《だいてつじん》である。

いかなる社会の高位《こうい》・高官《こうかん》の人よりも、その深《ふか》さと高さは、比較《ひかく》にならない。
これを知った人は幸福《こうふく》であり、何も恐《おそ》れるものはない。

私の言葉を聞き給《たま》え！
未来《みらい》に輝《かがや》ける君よ！
妙法に勝《まさ》る不滅《ふめつ》の太陽はないことを、君たちに教《おし》えたいのだ。

卑《いや》しい寄生虫《きせいちゅう》に侵《おか》される、卑屈《ひくつ》な人生《じんせい》を捨《す》てゆけ！
世にも陰気《いんき》な、狡賢《ずるがしこ》き徒輩《やから》の、仲間《なかま》にはなるな！

人間になるのだ！
真実《しんじつ》の人間になるのだ！
これが、仏法である。

君の友《とも》のために走《はし》れ！
民衆《みんしゅう》のために働《はたら》け！
太陽と月と星《ほし》の道《みち》を、君らしく胸《むね》を張《は》って進《すす》め！
健康《けんこう》で、正直《しょうじき》な少年《しょうねん》のような心《こころ》で、生き生きと、善《ぜん》の予定表をつくって生きることだ。

私は、長《なが》い長い山口《やまぐち》の旅路《たびじ》を、今も懐《なつ》かしく思う。
あの一日一日のなかに、幾世紀《いくせいき》の歳月《さいげつ》に通ずる、無数《むすう》の希望《きぼう》と思索《しさく》と勝利《しょうり》と、
そして、無数の歴史《れきし》を刻《きざ》んだことを喜《よろこ》びとする。
私は、懐かしき山口と全中国《ぜんちゅうごく》の同志《どうし》に、喝采《かっさい》と興隆《こうりゅう》と善意《ぜんい》の万歳《ばんざい》を送《おく》りたい。

師弟の魂・大関西

常勝の空高く錦州城《きんしゅうじょう》

一九九九年三月一日

フランスの文豪《ぶんごう》ロマン・ロランは叫《さけ》んだ。

「所詮《しょせん》　人生《じんせい》は戦《たたか》いだ。一切《いっさい》の権利《けんり》は勝者《しょうしゃ》のものだ！」（宮本正清訳）

大阪城――。あの堂々《どうどう》と聳《そび》え立つ大阪城を仰《あお》ぐと、常勝《じょうしょう》の英姿《えいし》を見る思いがする。大阪の駅《えき》を降《お》り、タクシーに乗《の》って、関西本部に向かうと、たそがれの彼方《かなた》に、大阪城が一番早《はや》く迫《せま》ってくる。

心《こころ》静《しず》かにしていた私も、大阪城を見ると、滝《たき》のごとく、胸《むね》が高鳴《たかな》る。巌《いわお》のごとく、信念《しんねん》の自分に還《かえ》る。

幾度《いくたび》となく、関西の法戦《ほうせん》に馳《は》せ参《さん》じた私は、ことのほか、夏《なつ》の夕暮《ゆうぐ》れのこの景《け》色《しき》を、若《わか》き心《こころ》に写《うつ》し取った。


一九五六年（昭和《しょうわ》三十一年）、戸田先生の命《めい》によって、私は、初《はじ》めて大阪の法戦に突入《とつにゅう》した。

駅《えき》には、いつもの数人の懐《なつ》かしい同志《どうし》の顔《かお》が待《ま》っていた。嬉《うれ》しそうな顔、楽《たの》しそうな顔、懐かしそうな顔……。皆、汝《なんじ》の使命《しめい》と、汝の人生《じんせい》を荘厳《そうごん》する、黄金《おうごん》の呼吸《こきゅう》を知っている同志たちである。

限《かぎ》りなき使命と熱望《ねつぼう》とをもって、私を迎《むか》えてくれた。なんと喜《よろこ》びの漲《みなぎ》る、そして真心《まごころ》こもる人たちであろうか。

あたたかき人間の心、真昼《まひる》の光《ひかり》のごとき心。ここに、関西の魂《たましい》があった。共に喜びのあふれる握手《あくしゅ》と握手。微笑《ほほえ》みのなかに、広宣流布《こうせんるふ》への電流《でんりゅう》が伝《つた》わる。

一九七九年（昭和五十四年《しょうわ》）の四月二十四日、私が、会長を辞任《じにん》し、名誉会長になった、その晩《ばん》であった。

深夜《しんや》の高速道路《こうそくどうろ》を、二台《だい》の車《くるま》が東京へ疾走《しっそう》していた。

乗《の》っているのは、関西の青年たち。誰《だれ》かに言われたわけではない。ただ、私が会長を辞《や》めたと聞いて、居《い》ても立ってもいられず飛《と》び出した。

車中《しゃちゅう》、一睡《いっすい》もせず、翌朝早《よくあさはや》く東京に到着《とうちゃく》。そこで先発《せんぱつ》していたメンバーも加《くわ》わり、藤原武君《ふじわらたけしくん》をはじめとする、金城会草創《きんじょうかいそうそう》の七人の英才《えいさい》が、息《いき》せき切って私のところに駆《か》けつけてくれた。

「我々は、池田先生とともに戦《たたか》うんや！」と。

真剣《しんけん》な、嵐《あらし》の中《なか》に毅然《きぜん》として、真夜中《まよなか》に走《はし》り飛んでくれた、その正義《せいぎ》の叫《さけ》びと、若鷲《わかわし》の翼《つばさ》の姿《すがた》が、嬉《うれ》しかった。

私は、この七人に、〝関西の七勇士《ゆうし》〟という名前《なまえ》を贈《おく》った。

この関西の七人の弟子《でし》は、今も現役《げんえき》として、広布《こうふ》の第一線《だいいっせん》で悠然《ゆうぜん》たる指揮《しき》をとっている。

二十年前の、あの日のことは、今でも、心深《こころふか》く動《うご》くことはない。

あの日、あの時、私は、彼らに言った。

「わざわざ遠《とお》くから来てくださって、ありがとう。何も心配《しんぱい》いらないよ。恐《おそ》れるものは何もないよ。私は厳然《げんぜん》としていくから！」

その時の、彼らの雄姿《ゆうし》は、今でも消《き》え去《さ》ることはない。

「偉大《いだい》な弟子《でし》をもつことは、最高に嬉《うれ》しいことだ」とは、戸田先生の口癖《くちぐせ》であった。

今、私は、嵐《あらし》と忍耐《にんたい》のなかで、同じ

思いをした。真《ま》っ暗《くら》な嵐《あらし》のような日々であった。

しかし、私は、彼らに強《つよ》く語《かた》った。

「将来《しょうらい》の希望《きぼう》をもて！　不安《ふあん》のために動揺《どうよう》するな！　これが、我らの魂《たましい》である。忍耐強《にんたいづよ》く生きろ！　悠然《ゆうぜん》として、自然《しぜん》の成《な》り行《ゆ》きに任《まか》せよ！一段高《いちだんたか》い丘《おか》から、すべてを見つめよ！」

彼らは、この一語《いちご》一語から、何を意味《いみ》するかという真実《しんじつ》を汲《く》み取って納得《なっとく》したようである。この気高《けだか》き、また節度《せつど》ある、厳粛《げんしゅく》な弟子《でし》の姿《すがた》を、私は申《もう》し訳《わけ》ない気持ちで、心《こころ》で称《たた》えた。


当時、陰謀《いんぼう》と嫉妬《しっと》と、あらゆる策略《さくりゃく》をもって、私を追《お》い落《お》とし、自分たちが学会を乗《の》っ取ろうとする謀略《ぼうりゃく》が始まっていた。

これらの破壊者《はかいしゃ》たちは、ずる賢《がしこ》き冷酷《れいこく》な坊主《ぼうず》と手を組《く》みながら、百鬼夜行《ひゃっきやこう》のごとく、退転者《たいてんしゃ》を味方《みかた》にし、愚《おろ》かな幹部を口車《くちぐるま》に乗せて、自《みずか》らの悪謀《あくぼう》の罠《わな》の中《なか》に操《あやつ》っていった。

彼らは、野獣《やじゅう》のごとく、ありとあらゆる卑《いや》しき野心《やしん》と憎《にく》しみの讒言《ざんげん》を浴《あ》びせてきた。恩師《おんし》の大恩《だいおん》を踏《ふ》みにじり、宗門《しゅうもん》の悪坊主《あくぼうず》と結託《けったく》した、地獄《じごく》の鎖《くさり》につながれた輩《やから》である。皆から、唾《つば》を吐《は》かれ、怒《いか》りと侮《あなど》りを受けていた悪党《あくとう》たちである。

私は、言い放《はな》った。

「今に見よ！　必《かなら》ず正邪《せいじゃ》が明確《めいかく》になる」

皆も、反逆者《はんぎゃくしゃ》、退転者《たいてんしゃ》の末路《まつろ》の厳《きび》しさは知っている。

正法《しょうほう》には、必ず悪鬼魔神《あっきまじん》がいる。大聖人の時代も、反逆者が多くいた。日興上《にっこうしょう》人《にん》の時も五老僧《ごろうそう》という反逆者がいた。

正法流布《るふ》の学会には、魔が競《きそ》うのも当然であり、正義《せいぎ》の証《あかし》だ！

どうして彼らが狂気《きょうき》と化《か》してしまったのか。人間というものは恐《おそ》ろしいものだ。私たちを、嵐《あらし》の中《なか》の死《し》の翼《つばさ》のもとに陥《おとしい》れようとする、あの陰険《いんけん》な仕草《しぐさ》よ！

しかし、心《こころ》ある幹部は、厳然《げんぜん》としていた。

特に関西の同志《どうし》は、微動《びどう》だにしなかった。

その団結《だんけつ》の要《かなめ》が、現在《げんざい》の西口良三《にしぐちりょうぞう》総関西長であり、また和田栄一《わだえいいち》SGI理事長であり、そして藤原武《ふじわらたけし》関西長、木村勝《きむらまさる》第二関西長たちの正義軍《せいぎぐん》であったことは、いうまでもない。

いつしか疲《つか》れ果《は》てた仲間《なかま》のなかから、勇敢《ゆうかん》なる中堅《ちゅうけん》幹部たちが、「謀略《ぼうりゃく》を見抜《みぬ》け！　陰謀《いんぼう》を叩《たた》き出せ！」と、稲妻《いなずま》のごとく叫《さけ》び始めた。

その雷鳴《らいめい》の轟《とどろ》きとともに、闇々《あんあん》たる夜風《よかぜ》の彼方《かなた》に、太陽が昇《のぼ》り始めた。

多くの友《とも》が遭難《そうなん》しそうになっていたところに、救《すく》いの朝日《あさひ》が差《さ》し始めた。

御聖訓《ごせいくん》にいわく。

「未来《みらい》の果《か》を知らんと欲《ほっ》せば其《そ》の現在《げんざい》の因《いん》を見よ」（御書二三一ジペー）と。

この年（一九七九年＝昭和《しょうわ》五十四年）の七月十七日、関西の同志《どうし》は誓《ちか》い合った。

一、革命精神《かくめいせいしん》の原点《げんてん》・関西！

一、二十一世紀《せいき》への世界《せかい》の人材《じんざい》の宝庫《ほうこ》・関西！

一、全国《ぜんこく》に信心の波動《はどう》を起《お》こす関西！　――と。

断固《だんこ》として関西は立ち上がった。師弟《してい》の魂《たましい》が燃《も》え上がった。

さらに、威風《いふう》も堂々《どうどう》の挑戦《ちょうせん》が開始された。

そして、大阪、京都《きょうと》、兵庫《ひょうご》、奈良《なら》、和歌山《わかやま》、滋賀《しが》、福井《ふくい》の、広宣《こうせん》の闘士《とうし》が一堂《いちどう》に集《つど》い、意気軒昂《いきけんこう》に、「第一回関西総会《そうかい》」が開催《かいさい》されたのは、この年の牧口先生の殉難《じゅんなん》の十一月十八日であった。


彼らは大波《おおなみ》をかき分け、深《ふか》き闇《やみ》を打ち破《やぶ》り、〝萬《まん》の仏《ほとけ》の艦隊《かんたい》〟となって、逆巻《さかま》く怒濤《どとう》を乗《の》り越《こ》え、無敵《むてき》の信心と連帯《れんたい》で、必《かなら》ず〝永遠《えいえん》の都《みやこ》〟を打ち立てて見せると、叫《さけ》んだ。

幸福《こうふく》の帝王《ていおう》が待《ま》つ都をめざすのだ。そこには、輝《かがや》かしき、滅《ほろ》ぶことなき、王冠《おうかん》なき偉大《いだい》な民衆《みんしゅう》が待っている。

必ずや崩《くず》れ去《さ》りゆく権威《けんい》の輩《やから》を眼下《がんか》に見て、三世《さんぜ》永遠の人間の勝利《しょうり》の王座《おうざ》を、必ず建設《けんせつ》すると、勇敢《ゆうかん》なる振《ふ》る舞《ま》いが始まった。

これこそ、広宣流布《るふ》の戦闘《せんとう》であり、人間の宗教の誕生《たんじょう》である。

御本仏《ごほんぶつ》・大聖人の人類救済《じんるいきゅうさい》の大仏法である。

二〇〇二年に迎《むか》える関西発足《ほっそく》五十周年――。

関西は、折伏《しゃくぶく》の王者《おうじゃ》である。

関西は、広宣流布《こうせんるふ》の先駆者《せんくしゃ》である。

ゆえに関西は、常勝《じょうしょう》関西なのである。

関西は、人間愛《あい》と異体同心《いたいどうしん》の団結《だんけつ》の模範《もはん》の天地《てんち》でもある。

そこには、権威《けんい》も必要《ひつよう》なく、社会的階級《かいきゅう》もなく、貧富《ひんぷ》の差《さ》もなく、皆、平等《びょうどう》で生き生きと、生き抜く力《ちから》をもつ庶民《しょみん》の都《みやこ》であり、人間の輝《かがや》く喜《よろこ》びの都である。

その底力《そこぢから》は、天下《てんか》をも動《うご》かし、無限《むげん》の智慧《ちえ》と鉄の陣列《じんれつ》が、常《つね》に気高《けだか》く急《いそ》ぎ動《うご》いている。

大関西には、愉快《ゆかい》で朗《ほが》らかな、真《しん》の勝利者《しょうりしゃ》だけが味《あじ》わえる、人間の理想的《りそうてき》な共和国《きょうわこく》があると、私は称《たた》えたい。

大関西の底力

いざや新世紀へ　威風堂々と！

一九九九年四月二十一日

第二関西（京都《きょうと》・滋賀《しが》・福井《ふくい》）の方々《かたがた》から、「私たちの方面《ほうめん》の随筆《ずいひつ》を、是非《ぜひ》とも、書いていただきたい」との、切々《せつせつ》たる祈りある手紙《てがみ》が舞《ま》い込《こ》んできた。

その雁書《がんしょ》の中《なか》には、わが同志《どうし》である神戸《こうべ》の友《とも》が、少《すこ》し沈《しず》んでいるという意味《いみ》のことも、書かれていた。

戦《いくさ》には、勝つ時も、負《ま》ける時もある。

古今東西《こことんとうざい》、大《だい》なり小《しょう》なり、すべての戦の方程式《ほうていしき》である。

「常勝《じょうしょう》」とは、最後の勝利《しょうり》を、トータルして勝ちきることを指《さ》すのである。

一喜一憂《いっきいちゆう》しては負《ま》けである。

「鉄の忍耐《にんたい》、石《いし》の辛抱《しんぼう》」（高橋健二訳）とは、ゲーテの有名《ゆうめい》な言葉である。また、トルストイも、「勝負《しょうぶ》の決《けっ》しがたい場合には、常《つね》に根気《こんき》の強《つよ》い方《ほう》が勝利者《しょうりしゃ》」（米川正夫訳）という名言《めいげん》を残《のこ》した。

ともに、人生《じんせい》の真髄《しんずい》を突《つ》いた、世界《せかい》の文豪《ぶんごう》の放《はな》つ言葉は、誠《まこと》に重《おも》みがある。

昨年（一九九八年＝平成《へいせい》十年）、「世界文化遺産《ぶんかいさん》」である二条城《にじょうじょう》の側《そば》に、新《あたら》しき京都《きょうと》国際文化会館が完成《かんせい》した。まさに、同志《どうし》の美《うつく》しき心《こころ》の七宝《しっぽう》で荘厳《そうごん》された、哲学《てつがく》と友情《ゆうじょう》と文化の宮殿《きゅうでん》である。

この会場で、晴《は》れの創立記念日《そうりつきねんび》に、私は、関西の友《とも》と一緒《いっしょ》に、韓国《かんこく》・慶山《キョンサン》市の名誉市民《めいよしみん》の称号《しょうごう》を拝受《はいじゅ》した。慶山市は京都の城陽《じょうよう》市と姉妹交流《しまいこうりゅう》を結《むす》ばれている。

会館の敷地《しきち》は、かつて、草創《そうそう》の功労者《こうろうしゃ》である、広谷《ひろたに》キヌさんが経営《けいえい》する織物工《おりものこう》場《じょう》があったところで、京都の支部事務所《じむしょ》も置《お》かれていた。私も何度、お世話《せわ》になったかしれない。

ともあれ、いかなる権力《けんりょく》にも権威《けんい》にもよらず、われら庶民《しょみん》の力《ちから》が、尊《とうと》き幸福《こうふく》の法城《ほうじょう》をそびえ立たせていったのである。本当《ほんとう》に、私は嬉《うれ》しい。

私が第三代会長に就任《しゅうにん》する時、ある力強《ちからづよ》い響《ひび》きの歌が、全国《ぜんこく》の同志《どうし》に歌われ始めた。それは、大波《おおなみ》のごとく澎湃《ほうはい》として、日本中に轟《とどろ》きわたっていった。

これこそ、京都《きょうと》からわき起《お》こった「威風堂々《いふうどうどう》の歌」である。

濁悪《じょくあく》の此《こ》の世行《ゆ》く　学会の
行く手を阻《はば》むは　何奴《なにやつ》なるぞ
威風堂々と　信行《しんぎょう》たてて
進《すす》む我らの　確信《かくしん》ここに

フランス革命《かくめい》の折《おり》に、一人《ひとり》の青年の熱情《ねつじょう》から生まれた、あの「ラ・マルセイエーズ」と同じような波及《はきゅう》といってよい。上から作《つく》って、これを歌えというのではなく、自然《しぜん》のうちに、第一線《だいいっせん》から盛《も》り上がって歌える歌は、人間の共感《きょうかん》を呼《よ》ぶ。

わが学会は、広宣流布《こうせんるふ》の歌とともに前進《ぜんしん》してきた。

ただ、二十年、三十年と歌われてきた、多くの学会歌も、若干《じゃっかん》、年老《としお》いた感がある。今再《ふたた》び、新世紀《しんせいき》に向かう歌を、二十一世紀の新《あたら》しいマーチを、各方面《かくほうめん》の青年部の有志《ゆうし》で作《つく》ってはどうかと、提案《ていあん》しておきたいのである。


ちょうど四十年前（一九五九年＝昭和《しょうわ》三十四年）の三月、恩師《おんし》である戸田先生の一周忌《いっしゅうき》を前に、私は中部《ちゅうぶ》から滋賀《しが》の大津《おおつ》に入《はい》り、さらに福井《ふくい》、京都《きょうと》の福知山《ふくちやま》を駆《か》け巡《めぐ》った。奇《く》しくも、今日《こんにち》の「第二関西」の地である。

先生が行けなかった土地《とち》へ、私が名代《みょうだい》として派遣《はけん》されたのだという決意《けつい》で、大《たい》切《せつ》な同志《どうし》を激励《げきれい》したことは、あまりにも懐《なつ》かしい。

小高《こだか》い丘《おか》に建《た》っていた、小《ちい》さな旧《きゅう》・彦根《ひこね》会館にも、私は、たびたび足《あし》を運《はこ》んだ。今年《ことし》（一九九九年＝平成《へいせい》十一年）は、彦根支部の結成《けっせい》三十五周年である。

今、大津《おおつ》市の滋賀《しが》文化会館に立つと、眼前《がんぜん》には、銀《ぎん》の鏡《かがみ》のように琵琶湖《びわこ》が広がり、近江大橋《おうみおおはし》が湖上《こじょう》を渡《わた》る。

さらに右手《みぎて》の、湖《みずうみ》の南端《なんたん》からは、瀬《せ》田川《たがわ》が流《なが》れ始める。

この瀬田川（勢多川《せたがわ》）は古来《こらい》、下流《かりゅう》の宇治川《うじがわ》と並《なら》んで、京都《きょうと》の防衛《ぼうえい》の要《かなめ》であり、幾度《いくど》となく、ここを舞台《ぶたい》に激《はげ》しい攻防戦《こうぼうせん》が繰《く》り返されたことは、あまりにも有名《ゆうめい》な歴史《れきし》の物語《ものがたり》である。

「仏法は勝負《しょうぶ》」である。

大聖人は、門下《もんか》に対し、その法戦《ほうせん》に臨《のぞ》む覚悟《かくご》を、こう教《おし》えておられる。

「此《こ》れこそ宇治川を渡《わた》せし所よ・是《これ》

こそ勢多《せた》を渡《わた》せし所よ・名《な》を揚《あ》ぐるか名をくだすかなり」（御書一四五一ページ）

同じ戦《たたか》うなら、断《だん》じて勝つことだ。わが胸中《きょうちゅう》に堂々《どうどう》たる勝鬨《かちどき》を上げることだ。

一九八九年（平成《へいせい》元年）の春《はる》四月にも、私は、美《うつく》しき湖国《ここく》にいた。

湖北《こほく》の滋賀《しが》研修道場《けんしゅうどうじょう》で、滋賀・京都《きょうと》・福井《ふくい》三県《けん》の頼《たの》もしい青年部の大会《たいかい》や、創価同窓《どうそう》の集《つど》いに出席《しゅっせき》した。

また、長浜市《ながはまし》でも、関西の最高会議を行《おこな》った。

私が名誉会長に就任《しゅうにん》して十周年の時である。

関西にとっては、一九七九年（昭和《しょうわ》五十四年）に「次の十年を開こう！」と誓《ちか》って、遂《つい》に迎《むか》えた黄金《おうごん》の節目《ふしめ》であった。

「この十年、一番、尊《とうと》き学会を守ってくれたのは、関西であった！」

その時、断固《だんこ》として宣言《せんげん》した私の心《こころ》は、生涯《しょうがい》、変わらない。

昨年（九八年）、全国《ぜんこく》のどこよりも早《はや》く、福井のわが友《とも》のお名前《なまえ》を、東京牧口記念会館に永久保管《えいきゅうほかん》することを提案《ていあん》したのも、この心情《しんじょう》からである。福井市、鯖江《さばえ》市《し》、武生《たけふ》市、敦賀《つるが》市、そして小浜《おばま》市をはじめ、全六十支部の「広宣流布《こうせんるふ》の闘士《とうし》」の芳名《ほうめい》は、牧口先生の殿堂《でんどう》に、永代《えいたい》にわたって光《ひか》り輝《かがや》くにちがいない。

御聖訓《ごせいくん》には「太陽が東《ひがし》の空《そら》に昇《のぼ》れば、天《てん》の空は、すべて明《あか》るくなる。『大光《たいこう》』を備《そな》えているからである」と仰《おお》せである。〈「日輪《にちりん》・東方《とうほう》の空に出《い》でさせ給《たま》へば南浮《なんぶ》の空・皆明《あきら》かなり大光を備へ給へる故《ゆえ》なり」（御書八八三ページ）〉

いくら、夜がどす黒《ぐろ》くとも、太陽が出れば必《かなら》ず明るくなる。

太陽の日蓮仏法を修行《しゅぎょう》しゆく、わが学会の広宣流布は、世界《せかい》を明るくする。

学会は、永遠不滅《えいえんふめつ》の太陽の団体《だんたい》である。

なかんずく、その核《かく》と燃《も》えゆく存在《そんざい》こそ、関西である。

いかに闇《やみ》のごとき外敵《がいてき》が攻《せ》めようとも、絶対《ぜったい》に恐《おそ》れる必要《ひつよう》はない。

最後は、必ず一善《いちぜん》が勝つ。

「悪《あく》は多けれども一善にかつ事《こと》なし」（御書一四六三ページ）とは、大聖人の御《ご》確信《かくしん》であられる。

愛《あい》する関西の同志《どうし》よ！
断《だん》じて負《ま》けるな！
悠々《ゆうゆう》と勝ち進《すす》みゆけ！
大関西の正義《せいぎ》の旭日《きょくじつ》よ、二十一世紀《せいき》の常勝《じょうしょう》の空《そら》へ、いよいよ威風《いふう》も堂々《どうどう》と、
再《ふたた》び昇《のぼ》りゆけ！

不滅なれ　関西魂

二十一世紀へ「今再《ふたた》びの陣列《じんれつ》」を

一九九八年七月十五日

「創価の雄《ゆう》」といえば、常勝《じょうしょう》関西である。

今や「常勝」は、関西の永遠《えいえん》不滅《ふめつ》の伝統《でんとう》となり、「関西魂《だましい》」は学会精神《せいしん》の模範《もはん》として、世界《せかい》に語《かた》り継《つ》がれている。

関西は、なぜ強《つよ》いのか。なぜ「常勝」の歴史《れきし》を開き続けることができたのか

――7・17「大阪の日」にあたって考えてみたい。

一九五七年（昭和《しょうわ》三十二年）七月十七日。その日、私は大阪拘置《こうち》所《しょ》を出所《しゅっしょ》した。

――この年の四月、参院《さんいん》大阪地方区《ちほうく》の補欠選挙《ほけつせんきょ》が行《おこな》われた。その支援活動《しえんかつどう》の最高責任者《せきにんしゃ》が私であった。

前年の参院選で、大阪地方区は、大方《おおかた》の予想《よそう》を裏切《うらぎ》って、学会の推薦《すいせん》した候補者《こうほしゃ》が当選《とうせん》を果《は》たしたことから、権力《けんりょく》は民衆勢力《みんしゅうせいりょく》の台頭《たいとう》を恐《おそ》れ始めた。

この補選で、一部に違反者《いはんしゃ》が出た。当局《とうきょく》は、ここぞとばかりに、私に狙《ねら》いを定《さだ》め、七月三日に逮捕《たいほ》したものと思える。だが、それは、後《のち》に裁判《さいばん》で明《あき》らかになったように、全《まった》くの冤罪《えんざい》であった。

取り調《しら》べは過酷《かこく》を極《きわ》めた。

自《みずか》ら出頭《しゅっとう》した私に、手錠《てじょう》をはめ、路上《ろじょう》を歩《ある》かせもした。深夜《しんや》まで、長時間にわたって尋問《じんもん》されたこともあった。

罪《つみ》を認《みと》めなければ、衰弱《すいじゃく》の甚《はなは》だしい戸田先生を逮捕すると、脅迫《きょうはく》にも等《ひと》しい言葉で責《せ》め立てられもした。

出獄《しゅつごく》した私は、この日、中之島《なかのしま》の中央公会堂《こうかいどう》で開かれた大阪大会《たいかい》に、戸田先生

とともに出席《しゅっせき》した。

〝裁判《さいばん》で真実《しんじつ》を証明《しょうめい》しよう。戦《たたか》いはこれからだ！〟

それが私の決意《けつい》であった。

外《そと》は激《はげ》しい雨《あめ》となった。雷鳴《らいめい》が轟《とどろ》き、雲《くも》を引き裂《さ》くように稲妻《いなずま》が走《はし》った。

私は簡潔《かんけつ》に訴《うった》えた。

「正《ただ》しい仏法が、必《かなら》ず勝つという信念《しんねん》で！」

じつは、戸田先生が、小《ちい》さな声《こえ》で、「長《なが》い話《はなし》や、調子《ちょうし》に乗《の》った話は、慎《つつし》んだ方《ほう》がいいよ」と、注意《ちゅうい》してくださったのである。

ともあれ、広宣流布《こうせんるふ》とは、善《ぜん》が悪《あく》に、正《せい》が邪《じゃ》に、断固《だんこ》、勝たねばならぬ戦《たたか》いである。

私の逮捕《たいほ》をわが事《こと》とし、魔性《ましょう》の権力《けんりょく》への怒《いか》りと悔《くや》しさで、幾日《いくにち》も眠《ねむ》れぬ夜を過《す》ごしてきた尊《とうと》き関西の同志《どうし》たちは、それを膚《はだ》で感じてきたのであろう。私の呼《よ》びかけに大拍手《だいはくしゅ》で応《こた》え、こう心《こころ》に誓《ちか》った。

「仏法は勝負《しょうぶ》や。負《ま》けたらあかん。絶対《ぜったい》に、負けたらあかんのや！」

それが、関西の「常勝《じょうしょう》」「不敗《ふはい》」の出発《しゅっぱつ》となったのである。

「勝つ」ことを自《みずか》らの道《みち》と定《さだ》めた英雄《えいゆう》たちには、いかに状況《じょうきょう》が厳《きび》しかろうが、愚痴《ぐち》も文句《もんく》もなかった。

困難《こんなん》であればあるほど、闘魂《とうこん》を燃《も》やし、逆境《ぎゃっきょう》をはねのけ、勝利《しょうり》の感動《かんどう》のドラマをつづってきた。

あの嵐《あらし》をついて行《おこな》われた、甲子園球場《こうしえんきゅうじょう》での〝雨《あめ》の関西文化祭《ぶんかさい》〟は、その心意気《こころいき》の象徴《しょうちょう》でもあった。

豪雨《ごうう》を天《てん》の演出《えんしゅつ》とし、泥《どろ》にまみれたユニホームは、黄金《おうごん》の闘志《とうし》に輝《かがや》く、栄光《えいこう》の王者《おうじゃ》のガウンとなった。

そして、その関西 魂《だましい》を、親《おや》から子へ、青年たちへと、伝《つた》え抜いてきた。関西ほど、自分たちの歴史《れきし》を大切《たいせつ》にしているところはない。

関西の友《とも》は、組織《そしき》の指示《しじ》で動《うご》くのではない。

私と一緒《いっしょ》に広宣流布《こうせんるふ》をしようという、自発的《じはってき》な共戦《きょうせん》の一念《いちねん》が、一人《ひとり》ひとりの原動力《げんどうりょく》となっている。だから強《つよ》いのだ。

私と皆の間《あいだ》には、余計《よけい》な介在物《かいざいぶつ》は何もない。心《こころ》に垣根《かきね》がないのである。それが、学会の本来《ほんらい》の姿《すがた》である。

私がいかなる立場になっても、「ワテらのセンセ（先生）」と、その絆《きずな》はいささかも揺《ゆ》るがなかった。

一九七九年（昭和《しょうわ》五十四年）、私が名誉会長となり、学会を壊滅《かいめつ》させようとする輩《やから》の、謀略《ぼうりゃく》の嵐《あらし》が吹《ふ》き荒《あ》れていた時、最初に立ち上がったのも関西の方々《かたがた》であった。関西は、この年の十一月十八日、第一回の総会《そうかい》を開き、私との共戦《きょうせん》を高らかに宣言《せんげん》したのである。

そして、関西の地から、魔軍《まぐん》を破《やぶ》る、広宣流布《こうせんるふ》の新潮流《しんちょうりゅう》が起《お》こっていった。

関西の団結《だんけつ》は強《つよ》い。関西は一つである。それぞれの地域《ちいき》の特色《とくしょく》を生かしながらも、「常勝《じょうしょう》」の誇《ほこ》りに貫《つらぬ》かれ、一つの家族《かぞく》の趣《おもむき》がある。

その団結の要諦《ようてい》は何か。

人間主義《しゅぎ》にある。関西人は、見栄《みえ》と格好《かっこう》と口先《くちさき》ばかりの人間を信じない。

関西の幹部は、権威《けんい》主義や形式《けいしき》主義を排《はい》し、ありのままの姿《すがた》で、友《とも》のなかに飛《と》び込《こ》み、ともに泣《な》き、ともに笑《わら》う。ひとたび戦《たたか》いとなれば、なりふりかまわず、真《ま》っ先《さき》に突《つ》き進《すす》む。

そうしてつくられた信頼《しんらい》の輪《わ》が、地区に、支部に、本部に張《は》り巡《めぐ》らされ、全関西を包《つつ》んでいるのだ。

私が、関西の歌「常勝の空《そら》」を作詞《さくし》してから、この七月(一九九八年=平成《へいせい》十年）で、ちょうど二十年になる。

わが法友《ほうゆう》は、常《つね》に、この歌を声高《こえたか》らかに歌い、勝利《しょうり》の旗《はた》をなびかせてきた。

ＳＧＩの友《とも》は言う。

「信心は関西に学《まな》べ！」

関西は、「世界《せかい》のカンサイ」だ。二十一世紀《せいき》は関西の時代である。

「今再《ふたた》びの陣列《じんれつ》」をもって、新《あたら》しき人権闘争《じんけんとうそう》の、新しき精神《せいしん》闘争の、勝利の幕《まく》を開こう。

不滅《ふめつ》なれ、関西魂《だましい》！

永遠《えいえん》なれ、世界の錦州城《きんしゅうじょう》よ！

正義の歌声よ　世界に轟《とどろ》け！

一九九九年三月五日

ある日、戸田先生は、弟子《でし》たちとの懇談《こんだん》で言われた。

「人生《じんせい》、四十代になってみないと、勝敗《しょうはい》はわからないよ。

特に女性《じょせい》はそうだ。

いな、人生の最終章《さいしゅうしょう》の時に、どのような状態《じょうたい》であったかで、一生《いっしょう》の幸《こう》、不幸《ふこう》が決定《けってい》される」


さらに、「正《ただ》しき仏法は、総仕上《そうしあ》げの時に勝利《しょうり》できる法《ほう》である。ゆえに、信仰《しんこう》は絶対《ぜったい》に必要《ひつよう》なのである」とは、牧口先生の言《げん》である。

その日、私は、関西から、空路《くうろ》、四国《しこく》の徳島《とくしま》に入《はい》った。

一九八一年（昭和《しょうわ》五十六年）の晩秋《ばんしゅう》のことである。

空《そら》は晴《は》れていたが、風《かぜ》は冷《つめ》たかった。

学会もまた、厳《きび》しき烈風《れっぷう》に囲《かこ》まれていた。

毒蜘蛛《どくぐも》のごとき、背信《はいしん》と忘恩《ぼうおん》の輩《やから》による学会破壊《はかい》の謀略《ぼうりゃく》の網《あみ》は、無数《むすう》の会員を締《し》め付《つ》け、苦悩《くのう》の闇《やみ》に陥《おとしい》れた。

なかでも、四国は、陰険《いんけん》なる坊主《ぼうず》が、邪悪《じゃあく》な牙《きば》を剝《む》き、衣《ころも》の権威《けんい》をカサに、魂《たましい》の圧殺《あっさつ》ともいうべき、弾圧《だんあつ》を繰《く》り返していたのである。

私もまた、名誉会長に就任《しゅうにん》して二年半《はん》、わが同志《どうし》のもとへ、まったく、自由に動《うご》くこともできない状況《じょうきょう》が続いていた。

しかし！　その大難《だいなん》のなかから、獅子《しし》は立った。

鉄の鎖《くさり》を断《た》ち切り、獅子は、激流《げきりゅう》に抗《こう》して、極悪《ごくあく》への反転攻勢《はんてんこうせい》の前進《ぜんしん》を、勇《ゆう》躍《やく》、開始したのだ。

思えば、その前年（一九八〇年＝昭和《しょうわ》五十五年）、香川《かがわ》、高知《こうち》、愛媛《えひめ》、徳島《とくしま》の四県《けん》の千名の友《とも》が、私の待《ま》つ横浜《よこはま》の港《みなと》へ、はるばると白亜《はくあ》の客船《きゃくせん》「さんふらわあ7号《ごう》」で駆《か》けつけてくださった。当時、〝学会丸〟に襲《おそ》いかかる荒波《あらなみ》をものともせず、波濤《はとう》を越《こ》えて――彼らは、意気軒昂《いきけんこう》であった。

ああ、この尊《とうと》き同志《どうし》よ！

私は、桟橋《さんばし》に出て、お一人《ひとり》おひとりに合掌《がっしょう》し、抱《だ》きかかえる思いで迎《むか》えた。

広宣流布《こうせんるふ》に励《はげ》みゆく方々《かたがた》をば、「当《まさ》に起《た》って遠《とお》く迎うべきこと、当に仏《ほとけ》を敬《うやま》うが如《ごと》くすべし」とは、「御義口伝《おんぎくでん》」に仰《おお》せの「最上《さいじょう》第一の相伝《そうでん》」（御書七八一ページ）である。

皆が帰途《きと》についた時には、神奈川《かながわ》文化会館の窓辺《まどべ》で、私たち夫婦《ふうふ》は、船が見えなくなるまで、懐中電灯《かいちゅうでんとう》を振《ふ》って見送《みおく》りもした……。

この勇敢《ゆうかん》なる弟子《でし》に、信じあえる同志《どうし》に、私は、なんとしても応《こた》えねばならないと、涙《なみだ》に濡《ぬ》れた。ここから、私の四国《しこく》への御恩《ごおん》返しの訪問《ほうもん》の決意《けつい》は、一日一

日、限《かぎ》りなく深《ふか》まっていった。

あの海《うみ》の微《び》風《ふう》が吹《ふ》く、徳島《とくしま》での会合の時。はつらつとした、婦人部の「若《わか》草《くさ》合《がっ》唱《しょう》団《だん》」の皆さまが、ベートーベンの「第《だい》九《く》」の〝歓《かん》喜《き》の歌〟を、美《うつく》しい花《はな》園《ぞの》のなかで、清《きよ》く明《あか》るく、晴《は》れやかに、歌ってくださった。もちろん、ドイツ語である。

ここ徳島が、日本における「第九」の初《しょ》演《えん》（一九一八年＝大《たい》正《しょう》七年）の地であることは、今でこそ有名《ゆうめい》だが、当時は、一《いっ》般《ぱん》には、あまり知られていなかった。その物《ぶっ》証《しょう》となる、初演のプログラムが徳島《とくしま》で見つかったと発表《はっぴょう》されたのは、翌年《よくねん》のことであった。

合唱《がっしょう》する彼女らの目には、珠玉《しゅぎょく》の涙《なみだ》が光《ひか》っていた。

そして眠《ねむ》りから醒《さ》めた天使《てんし》のごとく、残忍《ざんにん》な輩《やから》を見下《みお》ろし、楽《たの》しい賑《にぎ》やかな翼《つばさ》に乗《の》って、幸福《こうふく》の武装《ぶそう》をしながら飛《と》び立った。

彼女らは、生き生きと勝ったのである。

――この九年後、狂気《きょうき》と化《か》していった愚昧《ぐまい》なる宗門《しゅうもん》が、学会攻撃《こうげき》の材料《ざいりょう》としたのが、奇《く》しくも、ドイツ語で歌った〝歓喜《かんき》の歌〟であった。

若《わか》き指導者たちの男子部の愛唱歌《あいしょうか》「紅《くれない》の歌」が誕生《たんじょう》したのも、同じく、この四《し》国《こく》であった。

それは、満月《まんげつ》が郷愁《きょうしゅう》を感じさせる、静《しず》かな夜であった。

徳島から、香川《かがわ》の研修道場《けんしゅうどうじょう》に移《うつ》ったあと、当時、四国青年部長だった和田興亜《わだおきつぐ》君《くん》（現《げん》・四国長）が、四国男子部の歌を作《つく》りたいと、歌詞《かし》の案《あん》をもってきた。

彼らは、夜を徹《てっ》して作《つく》ったのだろう。目が赤《あか》かった。

「よし、君たちのために、私が手伝《てつだ》おう!」と、私は決めた。

私の心《こころ》は、一心不乱《いっしんふらん》となった。幾度《いくたび》となく、推敲《すいこう》に推敲を重《かさ》ねていった。

巡《めぐ》り歩《ある》きながら、完成《かんせい》の目標《もくひょう》に向かった。久遠《くおん》の静《しず》かな輝《かがや》きの月に照《て》らされつつ、一行《いちぎょう》、また一行と、誇《ほこ》らかにペンを走《はし》らせた。

弟子《でし》たちは、深《ふか》い喜《よろこ》びと、自《みずか》らの進路《しんろ》を確《たし》かめるがごとく、見事《みごと》な完成を懇願《こんがん》するような顔《かお》で見つめていた。


ついに、積雲《せきうん》が裂《さ》けた!

そこから、燃《も》え上がる空《そら》が輝いてきた。曇《くも》った心を突《つ》き抜けて、永遠《えいえん》の我らの確固《かっこ》たる歌声《うたごえ》の鼓動《こどう》の響《ひび》きが、胸《むね》を走った。

ああ紅《くれない》の　朝明《あさあ》けて
魁《さきがけ》光《ひか》りぬ　丈夫《ますらお》は……

「子《きみ》よ大樹《たいじゅ》と　仰《あお》ぎ見む」の一行《いちぎょう》には、〝後継《こうけい》の青年よ、私よりも、もっと大きく成長《せいちょう》せよ！〟との願《ねが》いを込《こ》めた。

また、「老《お》いたる母《はは》の　築《きず》きたる」とは、あまりにも尊貴《そんき》な学会婦人部に捧《ささ》げた一節《いっせつ》である。

いつしか、この明《あか》るく清《きよ》らかな心《こころ》に照《て》らされた、青年たちとの思い出の推敲《すいこう》は、二十数度《すうど》にも及《およ》んでいたようだ。

完成《かんせい》した「紅《くれない》の歌」の力強《ちからづよ》い音律《おんりつ》は、新《あら》たな世紀《せいき》へ、勇者《ゆうしゃ》と勝利者《しょうりしゃ》としての、熱《あつ》き魂《たましい》のリズムと化《か》していった。

最後の一歩《いっぽ》まで、勝ちゆかんとする、正義《せいぎ》の四国《しこく》の同志《どうし》は、敢然《かんぜん》と立ち上がった。傲慢《ごうまん》な権力《けんりょく》を倒《たお》して、平和《へいわ》を築け！　傲慢と、陰険《いんけん》と恥《はじ》さらしの輩《やから》と、決別《けつべつ》せよ！

〝我ら広布《こうふ》の同志には、内《うち》と外《そと》に区別《くべつ》はない！〟と、高らかに、過去《かこ》より未来《みらい》へ向かって、活発《かっぱつ》なる決意《けつい》の警鐘《けいしょう》を鳴《な》らし始めた。

ついに、四国《しこく》は、不滅《ふめつ》の大船《おおぶね》となりて、暗闇《くらやみ》の暗礁《あんしょう》から船出《ふなで》した。声高《こえたか》らかに、我らの讃歌《さんか》を歌い、進《すす》み始めた。新世紀《しんせいき》へ、新時代へ、四国の庶民《しょみん》の団結《だんけつ》は、断固《だんこ》として、勝ち始めていったのである。

今でも、栄光《えいこう》のドラムの音《ね》は、ますます激《はげ》しく鳴り響《ひび》いている。

四国は勝った！

これからも永遠《えいえん》に勝っていくことを、私は信じたい。

「自由」と「平等《びょうどう》」と「友情《ゆうじょう》」と「広布《こうふ》」のために！

王者の柱・中部

「戦う心」で築いた不敗《ふはい》の堅塁《けんるい》

一九九九年三月八日

勇気《ゆうき》とは、すべての人が恐《おそ》れるものを制圧《せいあつ》することである——古代《こだい》ローマの哲《てつ》学者《がくしゃ》、セネカの有名《ゆうめい》な言葉である。

〝一番、苦労《くろう》した人が、最後は、一番、幸福《こうふく》になるのが、正《ただ》しき仏法の在《あ》り方《かた》である〟とは、戸田先生の指導の一《ひと》コマであった。

偉大《いだい》なる中部《ちゅうぶ》の歴史《れきし》も、苦難《くなん》の連続《れんぞく》であった。

非常《ひじょう》に長《なが》い間《あいだ》、外《そと》の世界《せかい》が暗闇《くらやみ》のように見えた時代が続いた。

冷《つめ》たく激《はげ》しい雨《あめ》が、陰湿《いんしつ》な生《なま》ぬるい雨が、茂《しげ》みから、木立《こだち》から、さらさらと落《お》ちてくるような時代があった。

他《た》の明《あか》るい世界《せかい》と違《ちが》って、何故《なにゆえ》か、中部《ちゅうぶ》は、これほどまでに、暗《くら》い困難《こんなん》な時期《じき》が続くのであろうか。

私は、〝いとしい友《とも》よ、暗い時代と決別《けつべつ》して、早《はや》く明るい時代を！〟と心《こころ》から祈った。〝暴風雨《ぼうふうう》が去《さ》りて、明るい陽《ひ》の輝《かがや》きの中部に！〟と願《ねが》った。

中部は、忍耐《にんたい》で勝った。

辛抱《しんぼう》で勝ってきた。

戦闘《せんとう》の継続《けいぞく》で勝ってきた。

今は、至《いた》るところで、地平線《ちへいせん》に漂《ただよ》う金色《こんじき》の雲《くも》が、小鳥《ことり》の鳴《な》き声《ごえ》が、和《なご》やかな月が光《ひか》り、私の宝《たから》の胸《むね》に、私の心の富《とみ》となって、勝ち誇《ほこ》って安心《あんしん》している。

私が会長に就任《しゅうにん》して十周年のころのことである（一九七〇年＝昭和《しょうわ》四十五年頃）。

長《なが》い歳月《さいげつ》の暗闇《くらやみ》を打ち破《やぶ》って、中部《ちゅうぶ》の若《わか》き指導者が敢然《かんぜん》と叫《さけ》び、旭日《きょくじつ》のごとく立ち上がった。

わが兄弟《きょうだい》よ！　わが同志《どうし》よ！　燃《も》える心《こころ》で、永遠《えいえん》の高貴《こうき》な使命《しめい》を胸《むね》に、風化《ふうか》しゆく中部の天地《てんち》を守れ！　冒険《ぼうけん》と正義《せいぎ》の戦《たたか》いで、青春の歌を歌い上げゆく、中部の建設《けんせつ》をしようではないか！

その時の中核《ちゅうかく》が大野《おおの》和郎《かずお》総中部長（当時、中部青年部長）をはじめとする、青年部十六人であった。

彼らは、永遠の勝利《しょうり》の闘士《とうし》として、歴史《れきし》に残《のこ》るにちがいない。

彼らは誓《ちか》った。

〝民衆《みんしゅう》を苛《いじ》め、苦《くる》しめる傲慢《ごうまん》な権力《けんりょく》とは、徹《てっ》して戦う！〟

彼らは、皆、貧《まず》しき無冠《むかん》の青年であった。しかし、その雄々《おお》しき「戦う心」には、すでに、赫々《かっかく》たる王冠《おうかん》の勝利の太陽が昇《のぼ》っていた。

「なにの兵法《へいほう》よりも法華経《ほけきょう》の兵法をもちひ給《たま》うべし」（御書一一九二㌻）とは、

日蓮仏法の真髄《しんずい》の仰《おお》せである。

その時より、毎日、早朝《そうちょう》から、真剣《しんけん》に、会館の仏前《ぶつぜん》に端座《たんざ》する大野《おおの》君《くん》の姿《すがた》があった。

リーダーよ、大願《だいがん》に立て！

祈れ！　そして自《みずか》ら戦《たたか》え！

雨《あめ》の日も、風《かぜ》の日も、わが決意《けつい》を果《は》たしゆく大誠実《だいせいじつ》の炎《ほのお》に、中部《ちゅうぶ》の同志《どうし》たちは熱《あつ》く燃《も》え、奮《ふる》い立ったのである。

「人間の歴史《れきし》は　虐《しいた》げられた者《もの》の勝《しょう》利《り》を忍耐《にんたい》づよく待《ま》っている」（山室静訳）と、インドの詩聖《しせい》・タゴールは歌った。

また、「単独《たんどく》でいる者は無《む》にすぎな

い。彼に実在《じつざい》を与《あた》えるものは他者《たしゃ》である」（山室静訳、前掲書）とも論《ろん》じている。

今も鮮烈《せんれつ》な、忘《わす》れ得《え》ぬ光景《こうけい》がある。

嵐《あらし》をまた一つ、堂々《どうどう》と乗《の》り越《こ》えんと開催《かいさい》した、第一回の中部《ちゅうぶ》青年平和《へいわ》文化祭《ぶんかさい》のことであった。

十七年前のその日（一九八二年＝昭和《しょうわ》五十七年四月二十九日）、演目《えんもく》は、はやクライマックスを迎《むか》え、岐阜《ぎふ》の県営陸上競技場《けんえいりくじょうきょうぎじょう》のグラウンドには、組《く》み体操《たいそう》の三千の若人《わこうど》が躍動《やくどう》していた。

最後を飾《かざ》るのは、五段円塔《ごだんえんとう》である。五基《き》の〝人間円塔〟は、真《ま》ん中《なか》に一つ、それを囲《かこ》んで四つが組み上げられていった。

風《かぜ》が強《つよ》い。

その時、スタンドに悲鳴《ひめい》が走《はし》った。

崩《くず》れた！　中央の円塔が崩れたのだ。

私たちは息《いき》をのんだ。心《こころ》で題目《だいもく》を送《おく》った。

〝青年たちは大丈夫《だいじょうぶ》か……〟
凍《こお》りついたように、重苦《おもくる》しい静寂《せいじゃく》が競技場《きょうぎじょう》を覆《おお》った。
やがて、一《ひと》たびは倒《たお》れた青年たちの間《あいだ》から、力強《ちからづよ》い声《こえ》が澎湃《ほうはい》とわき起《お》こった。
「もう一度、やろう！」
「そうだ、もう一回だ！」
不屈《ふくつ》の若《わか》き魂《たましい》は、毅然《きぜん》として頭《こうべ》を上げた。たくましい肩《かた》と肩が再《ふたた》び組《く》まれた。
一段目《いちだんめ》、二段目に続き、三段目が立った。
さらに、揺《ゆ》れに耐《た》えて、四段目も懸命《けんめい》に立ち上がった。
残《のこ》るは、あと一人《ひとり》。
不滅《ふめつ》の闘魂《とうこん》の金字塔《きんじとう》へ、青年たちの心《こころ》は一つとなった。
中部《ちゅうぶ》の全同志《ぜんどうし》が、広布《こうふ》の父母《ちちはは》たちが、無事《ぶじ》を祈っていた。
立った。五段円塔《えんとう》が、ついに厳然《げんぜん》と立った！
万雷《ばんらい》の拍手《はくしゅ》が起こった。

あの師走《しわす》の寒風《かんぷう》の一日、私が名古屋《なごや》を初訪問《はつほうもん》（一九五三年＝昭和《しょうわ》二十八年十二月十二日）してから、今に四十五年余《よ》――。

愛知《あいち》に、岐阜《ぎふ》に、三重《みえ》に、わが足跡《そくせき》は百回を超《こ》えた。昨年（九八年＝平成《へいせい》十年）十一月には、絢爛《けんらん》たる「世界《せかい》青年平和《へいわ》文化《ぶんか》祭《さい》」が、ナゴヤドームに花《はな》開いた。

中部《ちゅうぶ》は、仏法で説《と》く三類《さんるい》の強敵《ごうてき》のあらゆる妨害《ぼうがい》に包囲《ほうい》され、縛《しば》られていくような、奮闘《ふんとう》の歴史《れきし》であった。

その鉄鎖《てっさ》の囲《かこ》いを、断固《だんこ》として打ち破《やぶ》り、新世紀《しんせいき》へと、新《あたら》しきスクラムを組《く》み、「皆が一番、幸福《こうふく》である」という、福運《ふくうん》の太陽に照《て》らされた中部は、厳然《げんぜん》と勝利《しょうり》したのだ！

今や、厳たる「王者《おうじゃ》の柱《はしら》」はそびえ、堅塁《けんるい》中部の勇壮《ゆうそう》な歌声《うたごえ》は、雄々《おお》しく、朗《ほが》らかに、こだまする。

古《ふる》き戦場《せんじょう》は、新《あたら》しき華《はな》やかな舞踏《ぶとう》の乱舞《らんぶ》と変わった。

中部《ちゅうぶ》は断《だん》じて負《ま》けなかった！

確《たし》かな「堅塁《けんるい》中部」の名《な》の通りであった。

諸天《しょてん》も褒《ほ》め、諸仏《しょぶつ》も称《たた》え、大聖人が、「善哉《ぜんざい》、善哉」と、厳然《げんぜん》とお守りくださっていることは間違《まちが》いない。

中部は勝った！

人間の悪徳者《あくとくしゃ》、偽善者《ぎぜんしゃ》、嫉妬者《しっとしゃ》、謀者《ぼうしゃ》に！

「真実《しんじつ》」と「信義《しんぎ》」と「笑《わら》い」と「団結《だんけつ》の歌」で勝った！

先駆の使命・大九州

友よ！ 二十一世紀をよろしく頼む

一九九九年三月十六日

「九州男児《きゅうしゅうだんじ》よろしく頼《たの》む」とは、戸田先生の九州指導の、最後のご遺言《ゆいごん》である。九州には、恩師《おんし》の絶大《ぜつだい》な期待《きたい》があった。

いな、今も、そして未来《みらい》も、九州には、偉大《いだい》なる広宣流布《こうせんるふ》の使命《しめい》が存在《そんざい》する。

わが師の大獅子吼《だいししく》が、大空《おおぞら》に轟《とどろ》いたのは、一九五七年（昭和《しょうわ》三十二年）の十月、福岡《ふくおか》で行《おこな》われた九州総支部の結成大会《けっせいたいかい》でのことである。

ご逝去《せいきょ》の約半年《やくはんとし》前であった。

先生の衰弱《すいじゃく》は激《はげ》しく、当日の朝《あさ》も、体《からだ》が食事《しょくじ》を受けつけないような状態《じょうたい》であった。それでも、先生は、会場のグラウンドを一周《いっしゅう》して、三万の同志《どうし》を激励《げきれい》され、「九州男児《きゅうしゅうだんじ》よろしく頼《たの》む！」と託《たく》されたのであった。

もちろん、「男児」といっても、「男女《なんにょ》はきらふべからず」（御書一三六〇㌻）である。九州の全同志を包含《ほうがん》したお言葉であることはいうまでもない。

では、先生は、何を頼み、託そうとされたのか。

この半年前《はんとし》（一九五七年＝昭和《しょうわ》三十二年四月）、先生は、第一回の九州総会《そうかい》に出席《しゅっせき》され、〝九州広布《こうふ》ではない、「東洋《とうよう》広布は我等《われら》の手で！」との雄大《ゆうだい》な気宇《きう》で進《すす》んでもらいたい〟と結《むす》んだ。

九州は古来《こらい》、アジアの大交流《だいこうりゅう》の窓《まど》であり、港《みなと》であり、玄関《げんかん》であり、大舞台《だいぶたい》であった。

すなわち、東洋、そして世界《せかい》の広宣流布《こうせんるふ》の先駆《せんく》を、わが九州に「頼む」と念願《ねんがん》されたことは、火を見るより明《あき》らかである。

思えば、牧口先生も、幾度《いくたび》となく、九州《きゅうしゅう》に足《あし》を運《はこ》ばれた。

ある時は、地元《じもと》の会員夫妻《ふさい》の道案内《みちあんない》で、近隣《きんりん》の農家《のうか》へ、折伏《しゃくぶく》に回られている。車《くるま》などない。十数キロの田舎道《いなかみち》を、全部、徒歩《とほ》である。

しかも、先生は、常《つね》に「先頭《せんとう》切って歩《ある》かれた」という。案内の会員のほうが、ご高齢《こうれい》の先生の後《あと》を追《お》いかけた。

まさに、先陣《せんじん》を切って波濤《はとう》に立ち向かう、あの大将軍《だいしょうぐん》の英姿《えいし》を、ここ九州の地に厳然《げんぜん》と残《のこ》されたといってよい。

「先駆《せんく》」の熱《あつ》き心《こころ》は、先師《せんし》の時代から、火の国・九州の勇者《ゆうしゃ》たちの血管《けっかん》に、脈々《みゃくみゃく》と流《なが》れている。

私が会長に就任《しゅうにん》した翌年《よくとし》、〝指導者十万〟の結集《けっしゅう》に向けて、各方面《かくほうめん》の青年部の総会《そうかい》を開催《かいさい》していった時も、九州が先駆を切ってくれた。

「我々が、全国《ぜんこく》の勝敗《しょうはい》の鍵《かぎ》を握《にぎ》っている。断《だん》じて、勝とうじゃないか！」

それは、広宣流布《こうせんるふ》の不思議《ふしぎ》なリズムでもある。

学会が、民衆《みんしゅう》を、幸福《こうふく》の新大陸《しんたいりく》へ運《はこ》ぶ、希《き》望《ぼう》の船《ふね》だとすれば、わが九州《きゅうしゅう》は、先頭《せんとう》で風《かぜ》を切り、浪《なみ》を砕《くだ》いて進《すす》む、船《せん》首《しゅ》の存在《そんざい》といえようか。

ところで、戸田先生は、ただ一度、現在《げんざい》の北九州市の八幡《やはた》を訪問《ほうもん》された折《おり》（一九五六年＝昭和《しょうわ》三十一年六月）、こう語《かた》られたという。

「原爆《げんばく》などを使《つか》う人間は最大の悪人《あくにん》だ！」

「悪魔《あくま》」という言葉を使われたと、記《き》憶《おく》する人もいる。

同じ北九州の小倉《こくら》が、広島《ひろしま》に続く、

第二の原爆《げんばく》の投下目標《とうかもくひょう》になっていたことは、今日《こんにち》では、有名《ゆうめい》な史実《しじつ》である。

最後に、先生は宣言《せんげん》された。「二度と戦争《せんそう》の被害者《ひがいしゃ》を出さないために、折伏《しゃくぶく》を進《すす》め、広宣流布《こうせんるふ》をするのだ！」と。

〝原爆許《ゆる》すまじ〟との、烈々《れつれつ》たる叫《さけ》びであった。それから、一年三カ月の後《のち》、歴史的《れきしてき》な「原水爆禁止宣言《げんすいばくきんし》」が発表《はっぴょう》されることになる。


この北九州《きたきゅうしゅう》は、今や広宣流布の「先駆《せんく》の中《なか》の先駆」である。

学会が嵐《あらし》の渦中《かちゅう》にあった時、暗雲《あんうん》を切り裂《さ》く暁《あかつき》の光《ひかり》のごとく、幾度《いくたび》となく、友《とも》の胸《むね》の空《そら》に、勇気《ゆうき》と希《き》望《ぼう》の旭日《きょくじつ》を昇《のぼ》らせてくださったのは、わが北九州の同志《どうし》であった。

この工業《こうぎょう》の街《まち》で、人間主義《しゅぎ》の旗《はた》を掲《かか》げて進む皆様にも、ある時は、陰湿《いんしつ》な中《ちゅう》傷《しょう》と攻撃《こうげき》が、またある時は、畜生《ちくしょう》の坊主《ぼうず》らの圧迫《あっぱく》の烈風《れっぷう》が吹《ふ》き荒《あ》れた。

いかなる宿命《しゅくめい》と使命《しめい》のゆえであろうか。

その時、わが共戦《きょうせん》の友は、逆風《ぎゃくふう》をついて、正義《せいぎ》の反撃《はんげき》の狼煙《のろし》をあげ、必《かなら》ず真《ま》っ先《さき》に立ち上がった！　必《かなら》ず勝利《しょうり》の大波《おおなみ》を起《お》こしていった！

そこから、全軍《ぜんぐん》の勝利のエンジンの大回転《だいかいてん》が、唸《うな》りをあげて始まったのだ。

一九七三年（昭和《しょうわ》四十八年）の三月、北九州《きたきゅうしゅう》で開催《かいさい》された、あの勝鬨《かちどき》響《ひび》く、第一回九州青年部総会《そうかい》を、私は、決《けっ》して忘《わす》れることはない。

皆で歌った「同志《どうし》の歌」は、生涯《しょうがい》忘れることはできない。

不撓《とう》不屈《ふくつ》の大宰相《だいさいしょう》・チャーチルは叫《さけ》んだ。

「われわれはこれまで、何が起《お》ころうともたじろがなかった。今後も断《だん》じてたじろがないであろう。さらば、相共《あいとも》に嵐《あらし》の真只中《まっただなか》に身を躍《おど》らせ、嵐の中《なか》を往《ゆ》こうではないか」（中野忠夫訳）

九州が立てば、全国《ぜんこく》が立つ！　九州が勝てば、全国が勝つ！

この雄々《おお》しき先駆《せんく》の大闘争心《だいとうそうしん》こそ、九州の魂《たましい》だ。

愛《あい》する九州の同志よ！　世界広宣流布《せかいこうせんるふ》の扉《とびら》を開け！

二十一世紀《せいき》を、よろしく頼《たの》む！

民衆の勝利の詩

君も 私も 歓喜と栄光の大合唱

一九九九年三月二十二日

新《あら》たに来る日、来る日を、わが家族《かぞく》と、わが同志《どうし》と、前進《ぜんしん》して生き抜くことは、なんと素晴《すば》らしいことか！

今日《きょう》も、ともどもに勝利《しょうり》の杯《はい》をあげたい。この世を遊戯《ゆうげ》しゆく活発《かっぱつ》な魂《たましい》を、わが胸中《きょうちゅう》に抱《いだ》ける者《もの》は、自由の帝王《ていおう》である。

一九七九年（昭和《しょうわ》五十四年）の二月のことである。

私は、二十年前のこの時、鹿児島空港《かごしまくうこう》から、インドの広宣流布《こうせんるふ》の旅立《たびだ》ちをしたのであった。

「仏法西還《せいかん》」の予言《よげん》の実現《じつげん》のために、私は真剣《しんけん》であった。

ともあれ、その意義深《いぎぶか》き旅立《たびだ》ちは、東洋広布《とうようこうふ》の先駆《さきが》けたる九州《きゅうしゅう》の天地《てんち》から開始したのである。


それから二カ月余《あま》り後《のち》、私は名誉会長になった。

次に九州を訪問《ほうもん》した時も、アジアとの交流《こうりゅう》――五度目の訪中《ほうちゅう》の帰《かえ》りであった(一九八〇年＝昭和《しょうわ》五十五年四月)。

当時、九州も、あちらこちらで、理不尽《りふじん》な策謀《さくぼう》の嵐《あらし》が吹《ふ》き荒《あ》れていた。私自身《じしん》も、会合で自由に指導することもできない状態《じょうたい》であった。

陰険《いんけん》なる坊主《ぼうず》たちと結託《けったく》した、何人かの裏切《うらぎ》り者《もの》の狂気《きょうき》じみた芝居《しばい》があった。

人間として失格者《しっかくしゃ》たるを証明《しょうめい》している輩《やから》である。

「必《かなら》ず三障四魔《さんしょうしま》と申《もう》す障《さわり》いできたれば賢者《けんじゃ》はよろこび愚者《ぐしゃ》は退《しりぞ》くこれなり」(御書一〇九一ジペー)

すべてが、御聖訓《ごせいくん》の通りである。

私は一人《ひとり》、断固《だんこ》として、指導を開始した。戦闘《せんとう》を開始した。

長崎《ながさき》から福岡《ふくおか》に入《はい》った私は、わが友《とも》に叫《さけ》んだ。

「嵐《あらし》があろうが、怒濤《どとう》があろうが、広宣流布《こうせんるふ》を忘《わす》れるな！

折伏《しゃくぶく》の旗《はた》をおろすな！

信心の炎《ほのお》を消《け》すな！」

わが九州《きゅうしゅう》の代表の人たちも、敢然《かんぜん》と、勇気《ゆうき》と正義《せいぎ》のその声《こえ》に応《こた》えて、熱烈《ねつれつ》たる指導を、火を吐《は》くごとく叫び合った。


一九八一年（昭和《しょうわ》五十六年）の十二月八日、ついに、私は、敬愛《けいあい》する友の待《ま》つ大分《おおいた》に入った。十三年ぶりのことである。

ここ大分の友たちも、言語《げんご》に絶《ぜっ》する辛酸《しんさん》をなめてきた。

反逆者《はんぎゃくしゃ》の極悪坊主《ごくあくぼうず》たちの陰険《いんけん》な策略《さくりゃく》と、攻撃《こうげき》である。

彼らは結託《けったく》して、学会の支配《しはい》と破壊《はかい》を狙《ねら》って、陰謀《いんぼう》また陰謀の、残忍《ざんにん》の牙《きば》を向

けてきた、ここ大分《おおいた》の天地《てんち》にも。

しかし、偉大《いだい》なる大分の同志《どうし》たちは、わが尊《とうと》き学会を守れ、断《だん》じて守れと、広宣流布《こうせんるふ》の大道《たいどう》を勇《いさ》みに勇んで行進《こうしん》していった。

何人かの、哀《あわ》れな臆病者《おくびょうもの》も出た。

しかし、わが同志は勝った。なかんずく、青年部の正義《せいぎ》の活躍《かつやく》は目覚《めざ》ましかった。

あらゆる迫害《はくがい》、あらゆる攻撃《こうげき》にも、正義の旗《はた》を振《ふ》り続けて、見事《みごと》に戦《たたか》い抜いた。

青年だ、青年だ。大事《だいじ》なのは、この後継《あとつ》ぎの青年たちだ。

この年は、青年部の結成《けっせい》から、また、恩師《おんし》の「青年訓」の発表《はっぴょう》から、三十周年の佳節《かせつ》にあたっていた。

瞬間《しゅんかん》、私は思った。

――今こそ青年に新《あたら》しい指針《ししん》を贈《おく》りたい、と。


大分《おおいた》指導の三日目のことである。忘《わす》れもしない十二月十日の夜、大分青年部の幹部会が予定されていた。

その直前《ちょくぜん》の、大分平和会館の管理《かんり》者室《しゃしつ》。

わが胸《むね》には、既《すで》に、万感《ばんかん》の戦《たたか》う魂《たましい》が光《ひか》っていた。

わが愛《あい》する青年たちが待《ま》っている。彼らの代表者たちが、新しき「正義《せいぎ》の詩《うた》」をつくりたい、その詩とともに、二十一世紀《せいき》へ、厳然《げんぜん》たる前進《ぜんしん》を開始したいと、言うのであった。

私もそれに応《こた》えた。

「よし、やろう！」

狭《せま》い六畳《じょう》の部屋《へや》は、たちまち詩人《しじん》の戦場《せんじょう》と化《か》した。

「『なぜ山に登《のぼ》るのか』『そこに山があるからだ』と……」

約《やく》四十分間、あとから、あとから、言葉は奔流《ほんりゅう》となり、炎《ほのお》の噴出《ふんしゅつ》となって、ほとばしった。

私の口述《こうじゅつ》を、五人の男女の青年たちが、ペンも折《お》れよと、無我夢中《むがむちゅう》で、メモをとってくれた。

このあと、彼らが清書《せいしょ》した原稿《げんこう》に、さらに何カ所も朱《しゅ》を入れていったが、その清書がまだ完成《かんせい》しないうちに、会合の開始時間が来てしまった。

添削《てんさく》で真《ま》っ赤《か》になった原稿のまま、発表《はっぴょう》となったのである。

「青年よ　二十一世紀《せいき》の広布《こうふ》の山を登れ」の誕生《たんじょう》の瞬間《しゅんかん》である。

私は、祈る思いで謳《うた》った。

「今　君達が存在《そんざい》するその場所で／断《だん》じて勝たねばならない！」「信心の二字だけは／決《けっ》して敗《やぶ》れてはならない！」と。

仏法は「勝負《しょうぶ》」である。仏《ほとけ》と魔《ま》の戦《たたか》いであり、正義《せいぎ》と邪悪《じゃあく》との攻防戦《こうぼうせん》である。ゆえに青年には、明快《めいかい》に、魔を魔と見破《みやぶ》り、邪悪を打ち砕《くだ》きながら、民衆《みんしゅう》をリードし、安心《あんしん》させゆく、強《つよ》い強い使命《しめい》があることを訴《うった》えたい。

そして私は、万感《ばんかん》の期待《きたい》をこめて、こう呼《よ》びかけたのである。

「二〇〇一年五月三日――／この日が／私どもの　そして君達の／大《おお》いなる／目標登攀《もくひょうとうはん》の日であると決めたい！／広布《こうふ》の第二幕《だいにまく》の勝負は／この時で決《けっ》せられることを／断固《だんこ》として忘《わす》れないでほしい」

この最大に意義《いぎ》ある年も、間近《まぢか》となった。

その道《みち》を、若《わか》き弟子《でし》たちは、今日《きょう》も新《あたら》しい友《とも》だちと、新しい兄弟《きょうだい》と、新しいスクラムを組《く》みながら、生き生きとした魂《たましい》で、最高に価値《かち》ある一日、また一日を進《すす》んでいるにちがいない。

当時、私は世界芸術文化《せかいげいじゅつぶんか》アカデミーから「桂冠詩人《けいかんしじん》」の称号《しょうごう》を受けることが決《けっ》定《てい》していた。「青年よ　二十一世紀《せいき》の広布の山を登《のぼ》れ」は、決定後、最初の長編《ちょうへん》詩《し》となったのである。

大分《おおいた》の南西部《なんせいぶ》の、有名《ゆうめい》な竹田《たけた》の岡城址《おかじようし》で、寒風《かんぷう》が飛《と》び来るなか、私は若き瞳《ひとみ》輝《かがや》く、血潮《ちしお》流《なが》るる、我《わ》が青年たちと名曲《めいきよく》「荒城《こうじよう》の月」を大合唱《だいがつしよう》した。烈風《れつぷう》に耐《た》えて勝った、庶民《しよみん》の英雄《えいゆう》たちと声高《こえたか》らかに歌った。

親《した》しげな眼《まな》ざしで直立《ちよくりつ》した、厳《おごそ》かな青年たちは、永遠《えいえん》なる、荘重《そうちよう》な心《こころ》で、深《ふか》い何かを誓《ちか》い合っていた。

この曙《あけぼの》の如《ごと》くわき立つ心は、罵《のの》り騒《さわ》ぐ蛮人《ばんじん》たちを遥《はる》かに見下《みくだ》し、至上《しじよう》のラッパの響《ひび》きとともに進軍《しんぐん》の波動《はどう》となって、全九州《ぜんきゆうしゆう》を走《はし》らせた。

この歓喜《かんき》の勝鬨《かちどき》の波《なみ》は、大分より、熊本《くまもと》へ、福岡《ふくおか》へ、全九州へ、いな、日本へ、世界《せかい》へと轟《とどろ》いていったのである。

偉大《いだい》なる佐賀《さが》も勝った！　宮崎《みやざき》も、さらに長崎《ながさき》も、鹿児島《かごしま》も、見事《みごと》に、すべてに勝ってきた。わが九州は、難攻不落《なんこうふらく》の正義《せいぎ》の城《しろ》を、清々《すがすが》しい民衆《みんしゆう》の栄光《えいこう》の宮殿《きゆうでん》を、堂々《どうどう》と築《きず》いた。

今は、吉橋九州総合長《よしはしきゅうしゅう》、山本九州長《やまもと》をはじめ、嵐《あらし》のなか、同志《どうし》を守り、戦《たたか》った闘将《とうしょう》を中心として、厳然《げんぜん》たる布陣《ふじん》ができあがった。この大九州城をば、私は、仰《あお》ぎ見つめている。

あの日、あの時、われらが登攀《とうはん》の目標《もくひょう》と定《さだ》めた、二十一世紀《せいき》の夜明《よあ》けは始まった。「二〇〇一年五月三日」の、山嶺《さんれい》は目前《もくぜん》にある。そこに君も！　そして私も！　ともに勝利《しょうり》と栄光《えいこう》と幸福《こうふく》の、創価の三色旗《さんしょくき》を打ち立てよう！

十万人の青年が「第九《だいく》」を合唱《がっしょう》する、「アジア青年平和《へいわ》文化《ぶんか》祭《さい》」の開催《かいさい》も決まった。

われらは、幸福な太陽の光《ひかり》に包《つつ》まれながら、固《かた》い握手《あくしゅ》と握手を交《か》わしながら、あの九州勝利山から、再《ふたた》びの行進《こうしん》を開始するのだ！　天使《てんし》のごとくに！

広宣の光・信越

友情とロマンの花咲け　人材王国

一九九九年三月二十四日

夜《よ》は明《あ》けた！

今、信越《しんえつ》の空《そら》にも、赫々《かっかく》と、感激《かんげき》の太陽が昇《のぼ》る。黄金《おうごん》の使命《しめい》の門《もん》を通り抜けて、彼自身《じしん》の軌道《きどう》を正確《せいかく》に進《すす》む。

私も、わが人生《じんせい》の道《みち》を、今日《きょう》も歩《あゆ》む。先頭《せんとう》に立って歩む！　偉大《いだい》な目標《もくひょう》に向かって、壮大《そうだい》な使命の方向《ほうこう》へ！　そこには、少《すこ》しの悔恨《かいこん》もない！

君たちが今日も戦《たたか》いゆくその道、わが使命の道は、新潟《にいがた》であり、長野《ながの》である。その新潟と長野とは、兄弟《きょうだい》であり、姉妹《しまい》なのである。

それは、二十一年前（一九七八年＝昭和《しょうわ》五十三年）のことであった。

二月十九日の、午後一時ごろである。

若《わか》き、わが広布《こうふ》の同志《どうし》が、寒風《かんぷう》のなかを、飛《と》ぶようにやって来た。

彼らは、夜明《よあ》け前から、暗《くら》い雪道《ゆきみち》を踏《ふ》み越《こ》えて、私のいる、立川《たちかわ》文化会館にたどり着《つ》いたのである。ここで、第一回の歴史《れきし》に残《のこ》るであろう、凜々《りり》しき信越《しんえつ》男子部幹部会が開催《かいさい》されたのである。

今や、邪教《じゃきょう》になりさがった宗門《しゅうもん》が、狂気《きょうき》のごとく、私を脅《おど》し、狙《ねら》って、無数《むすう》の謀略《ぼうりゃく》と迫害《はくがい》に荒《あ》れ狂《くる》い始めていた時代であった。私は、決然《けつぜん》と、正義《せいぎ》の学会を守るために、一人《ひとり》、絶対《ぜったい》に負《ま》けぬと決意《けつい》していた。

この日、私は、青年たちの労苦《ろうく》をねぎらい、彼らにホイットマンの詩《し》の一節《いっせつ》を贈《おく》った。

「さあ、出発《しゅっぱつ》しよう！　悪戦苦闘《あくせんくとう》をつき抜けて！

決められた決勝点《けっしょうてん》は取り消《け》すことができないのだ」（富田砕花訳）

皆の顔《かお》が一段《いちだん》と輝《かがや》いた。

広宣流布《こうせんるふ》の道《みち》は険《けわ》しい。

御聖訓《ごせいくん》に照《て》らし、「三類《さんるい》の強敵《ごうてき》」が猛然《もうぜん》と襲《おそ》いかかることは必然《ひつぜん》であると、皆も思っていたにちがいない。

しかし、ひとたび、戦《たたか》いを起《お》こしたからには、断《だん》じて勝たねばならない。それが、創価の使命《しめい》であり、獅子《しし》の誇《ほこ》りだ！

私は、その大闘争《だいとうそう》の誓《ちか》いを、粘《ねば》り強《づよ》き、信越《しんえつ》の友《とも》に託《たく》したい思いであった。

半年後《はんとしご》の八月、今度は私が、長野《ながの》の松本《まつもと》に伺《うかが》った。

私が青年部の室長《しっちょう》の時（一九五八年＝昭和《しょうわ》三十三年）に、この松本を初《はじ》めて訪問《ほうもん》してから、二十年の節目《ふしめ》のことであった。

かつて、「信濃《しなの》の広宣流布は松本から！」と期待《きたい》した通り、信州《しんしゅう》の偉大《いだい》な発展《はってん》が頼《たの》もしかった。

——二十年前のその時に、私たちは、諏訪《すわ》から霧ケ峰《きりがみね》高原《こうげん》まで足《あし》を延《の》ばした。

そこには、緑《みどり》と花《はな》と風《かぜ》の草原《そうげん》があった。彼方《かなた》には、北《きた》アルプスの峰々《みねみね》が映《は》えていた。

空《そら》はどこまでも青《あお》く、高く、無辺《むへん》の夢《ゆめ》の世界《せかい》へ、果《は》てしなく広がっている。

わが師《し》である戸田先生の逝去《せいきょ》から、四カ月余《よ》が過《す》ぎていた。

〝先生が、この雄大《ゆうだい》な高原をご覧《らん》になり、ここで青年の訓練《くんれん》にあたられたら、どんなに喜《よろこ》ばれただろう……〟

後《のち》に、男女青年部の人材《じんざい》グループの水滸会《すいこかい》、華陽会《かようかい》の研修《けんしゅう》を行《おこな》ったのも、こうした思いからであった。

今、霧ケ峰に、青年研修道場《どうじょう》が誕生《たんじょう》し、新世紀《しんせいき》の若《わか》き指導者たちが、青空《あおぞら》と涼風《りょうふう》に包《つつ》まれ、生き生きと広布《こうふ》の未来《みらい》を語《かた》り合う姿《すがた》は、嬉《うれ》しき限《かぎ》りである。

いうまでもなく、わが信越《しんえつ》は、日蓮大聖人が人間王者《おうじゃ》の大師子吼《だいししく》をなされた、

深遠《しんえん》なる仏法有縁《うえん》の天地《てんち》である。
しかも、牧口先生が、新潟県《にいがたけん》の荒浜《あらはま》(今の柏崎市内《かしわざきしない》)に生誕《せいたん》されたのは、大聖人の佐渡御流罪《さどごるざい》(文永《ぶんえい》八年＝一二七一年)から、ちょうど、六百年後であった。
その先生は、六十歳を過《す》ぎて、幾度《いくたび》か、信越《しんえつ》に黄金《おうごん》の足跡《そくせき》を残された。故郷《こきょう》・荒浜に戸田先生を伴《ともな》われて行かれ、知人《ちじん》を折伏《しゃくぶく》されてもいる(一九三三年＝昭和《しょうわ》八年)。
さらに厳冬《げんとう》の二月に、長野《ながの》に来《こ》られたこともある。諏訪《すわ》、伊那《いな》、松本《まつもと》、長野、上田《うえだ》で座談会《ざだんかい》等を開き、十七人が入信《にゅうしん》したと記録《きろく》に残《のこ》っている（一九三六年＝昭和《しょうわ》十一年）。

牧口先生の手になる、最初の地方折伏《ちほうしゃくぶく》は、じつに、わが信越《しんえつ》であったといってよい。

戸田先生は亡《な》くなる前年（一九五七年＝同《どう》三十二年）の夏《なつ》、軽井沢《かるいざわ》に静養《せいよう》に来《こ》られ、私もお側《そば》に呼《よ》んでいただいた。あの日、あの時、恩師《おんし》の伝記小説《でんきしょうせつ》の執筆《しっぴつ》を、わが使命《しめい》として心定《こころさだ》めたのである。

私が名誉会長になって最初の夏も、この忘《わす》れ得《え》ぬ師弟《してい》の劇《げき》の舞台《ぶたい》であった軽井沢を訪《たず》ねた。

前年にオープンした長野研修道場《ながのけんしゅうどうじょう》を拠点《きょてん》として、新《あたら》しき広宣流布《こうせんるふ》の戦《たたか》いを、新しき人材山脈《じんざいさんみゃく》の建設《けんせつ》を始めたのである。

徹《てっ》して、「一人《ひとり》」を育《そだ》てることだ！　「一人」を大事《だいじ》にすることだ！　その「一人」を獅子《しし》にすることだ！

あの夏《なつ》から、ほとんど毎年のように、私は、この長野研修道場《ながのけんしゅうどうじょう》を訪《おとず》れ、広布《こうふ》の指揮《しき》をとり、正義《せいぎ》の波動《はどう》を起《お》こしてきた。

いついつも、この美《うつく》しき花《はな》と緑《みどり》の園《その》を荘厳《そうごん》し、広宣《こうせん》の法城《ほうじょう》を守ってくださる皆様に、心《こころ》より感謝申《かんしゃもう》し上げたい。

軽井沢《かるいざわ》には、かつてインドの詩《し》聖《せい》タゴールも訪れたが、今やわれらの道場には、キルギスの作家《さっか》のアイトマートフ氏や、インドのガンジー記念館館長《きねんかんかんちょう》のラダクリシュナン博士《はくし》をはじめ、数多《かずおお》くの海外《かいがい》のお客様《きゃくさま》が訪問《ほうもん》してくださっている。

ともあれ、信越《しんえつ》は、偉大《いだい》なる「人材《じんざい》の王国《おうこく》」であり、友情《ゆうじょう》とロマンの花咲《さ》く、人間性の輝《かがや》く楽園《らくえん》であり、そして、大《おお》いなる広布の〝光源《こうげん》〟である。

信越が燃《も》えれば、勇気《ゆうき》の脈動《みゃくどう》が全国《ぜんこく》に流《なが》れ、希望《きぼう》の光《ひかり》が世《せ》界《かい》に走《はし》る！　これが広布の前進《ぜんしん》のリズムとなってきた。

ビクトル・ユゴーの詩に、こうあった。

「おおワーテルローよ、私は

涙《なみだ》ぐみ、足《あし》をとめる、ああ。
最後の戦闘《せんとう》の最後の兵士《へいし》たちは
偉大《いだい》だったからだ。全土《ぜんど》を勝ち進《すす》み、
二十の国王《こくおう》を放逐《ほうちく》し、アルプスとラインを越《こ》えた。
彼らの魂《たましい》は、青銅《せいどう》のラッパとともに歌っていた」（松下和則訳）

イギリスの詩人《しじん》ブレイクも、また謳《うた》っていた。
「わたしの骨《ほね》のまわりに氷《こお》りつく
この重《おも》い鎖《くさり》を破《やぶ》れ！
自己本位《ほんい》の鎖を！　見えばりの鎖を！
永久《えいきゅう》の害毒《がいどく》の鎖を！」（寿岳文章訳）

ともあれ、私たちには、
信心の武装《ぶそう》がある。

哲学《てつがく》という鎧《よろい》がある。
故《ゆえ》に、不幸《ふこう》な敵《てき》は
近寄《ちかよ》ることができない。
残忍《ざんにん》な、涙《なみだ》もなき輩《やから》は、
遂《つい》には、必《かなら》ず
その欺瞞《ぎまん》の身を滅《ほろ》ぼし、
やがては誰人《だれびと》からも、
腐《くさ》りきった一個《いっこ》の物体《ぶったい》として、捨《す》て去《さ》られてゆくだろう！

春《はる》は来た！
身勝手《がって》な自己本位《ほんい》の輩を、
残酷《ざんこく》で、嫉妬《しっと》に狂《くる》った輩を、
まばゆい陽光《ようこう》で溶《と》かし、
薫風《くんぷう》に吹《ふ》き飛《と》ばしながら！

悪《あく》に勝った喜《よろこ》びとともに、
春《はる》は、やって来た！

信越《しんえつ》の友《とも》よ！　さあ、出発《しゅっぱつ》しよう！　さっそうと白馬《はくば》に乗《の》る勇者《ゆうしゃ》のごとく！
創価の誇《ほこ》りの旗《はた》を握《にぎ》り、山を越《こ》え、谷《たに》を越え、波濤《はとう》を越えて、痛快《つうかい》に進《すす》め！
いよいよ、民衆《みんしゅう》の栄光《えいこう》の朝《あさ》が来た！　われらは勝った！
勝利《しょうり》の太陽は、白雪《はくせつ》の山上《さんじょう》に昇《のぼ》り、われらを照《て》らし始めた！

新時代の潮・北陸

船出せよ！ 世界の希望の海へ

一九九九年四月二日

真実《しんじつ》を語《かた》る勇気《ゆうき》！

その勇気ある人こそ、勝利者《しょうりしゃ》であり、立派《りっぱ》な人である。

虚偽《きょぎ》の輩《やから》は、悔《く》いのみ永遠《えいえん》に残《のこ》る。自《みずか》らを破壊《はかい》し、他者《たしゃ》の人生《じんせい》をも混乱《こんらん》させゆく、魔物《まもの》の存在《そんざい》といってよいだろう。

仏法では、「はかなきを畜《ちく》」という。つまり、人びとが不幸《ふこう》になりゆく姿《すがた》を喜《よろこ》ぶ、虚《むな》しく哀《あわ》れな生命《いのち》のことである。自己中心、自己の名聞名利《みょうもんみょうり》のみに固執《こしゅう》し、正《ただ》しき心《こころ》が倒《たお》された連中《れんちゅう》のことを指《さ》す。

一方《いっぽう》、「賢《かしこ》きを人《にん》」と説《と》いてある。それを知るゆえに、われらは真実《しんじつ》の人間らしく生き抜く。真実の中《なか》の真実の大仏法に、生き抜いていくことは、最高の賢き人である。

本年《ほんねん》（一九九九年）二月、第二代会長・戸田城聖《じょうせい》の誕生日《たんじょうび》（十一日）の直前《ちょくぜん》のことであった。

北陸《ほくりく》・石川県《いしかわけん》の最有力紙《さいゆうりょくし》「北國新聞《ほっこくしんぶん》」（富山《とやま》県では「富山新聞」）が、郷土出身《きょうどしゅっしん》の著名人《ちょめいじん》を紹介《しょうかい》する「ほくりく20世紀列伝《せいきれつでん》」という連載《れんさい》で、三回にわたって、戸田先生の半生《はんせい》を描《えが》いてくださった。

戸田先生は、二歳で北海道《ほっかいどう》に渡《わた》っておられるが、石川県の塩屋《しおや》（今の加賀市内《かがしない》）で誕生された。つまり、生粋《きっすい》の〝北陸人〟であった。

「信心は一人前でいい。仕事《しごと》は三人前やりなさい」とは、戸田先生の有名《ゆうめい》な指導である。

この新聞の連載は、その言葉を引いて、次のように結《むす》ばれていた。

「三人前の信心を求《もと》めなかったところに現実重視《げんじつじゅうし》の戸田の真骨頂《しんこっちょう》があろう。戸田は神秘的《しんぴてき》カリスマに頼《たよ》る教祖《きょうそ》ではなく、卓越《たくえつ》した説得力《せっとくりょく》を持《も》つ在家《ざいけ》の指導者であった」

仏法は道理《どうり》であり、社会の真実《しんじつ》の法《ほう》則《そく》を説《と》いたものである。

ゆえに、現実社会から離《はな》れた仏法はない。それは、真の信仰《しんこう》でなくして、観念論者《かんねんろんしゃ》の嘘《うそ》つきの宗教となる。これを、大聖人は、邪教《じゃきょう》として厳《きび》しく戒《いまし》められた。

だからこそ戸田城聖《じょうせい》は、現実社会に焦点《しょうてん》を当《あ》てて、「仕事《しごと》は三人前、信心は一人前」と指導したのである。その言葉は、特に、戦後《せんご》の、誰《だれ》もが苦《くる》しい時代であったがゆえに、どれほど多くの庶民《しょみん》の励《はげ》みになったか計《はか》り知れない。

恩師《おんし》の生地《せいち》・塩屋《しおや》は、大聖寺川《だいしょうじがわ》が日本海に注《そそ》ぐ、河口《かこう》の右岸《うがん》にある。かつては〝北前船《きたまえぶね》〟の港《みなと》として栄《さか》えた。

先生は、生前《せいぜん》に一度だけ、ご自身《じしん》の生まれた家《いえ》に立ち寄《よ》られたようだ。

その場所にお住《す》まいであった婦人の話《はなし》である。

――ある寒《さむ》い日、コートの襟《えり》を立てた長身《ちょうしん》の男性《だんせい》が訪《たず》ねて来た。

「私は、この家で生まれたと聞いている」

男性は、懐《なつ》かしそうに玄関《げんかん》の柱《はしら》を撫《な》でていたが、眼鏡《めがね》の奥《おく》に光《ひか》るものがあった。そして、「この家を大事《だいじ》にしてください。いつまでも、お元気《げんき》でね」と言われたそうだ。

この男性が、戸田先生であった。軍部《ぐんぶ》政府《せいふ》の弾圧《だんあつ》で投獄《とうごく》される前年（一九四二年＝昭和《しょうわ》十七年）の晩秋《ばんしゅう》のことである。先生は、迫《せま》り来る大難《だいなん》を前に、生まれ故郷《こきょう》を眼底《がんてい》に刻《きざ》もうとされたのだろうか……。

私が北陸《ほくりく》を初訪問《はつほうもん》したのは、恩師《おんし》が逝去《せいきょ》される半年前《はんとし》（一九五七年＝昭和《しょうわ》三十二年十月）であった。

〝加賀百万石《かがひゃくまんごく》〟の前田《まえだ》氏の歴史《れきし》を思いながら、金沢《かなざわ》、高岡《たかおか》、富山《とやま》へと、北陸路《じ》を回ったのである。

ここに、私の偉大《いだい》な師匠《ししょう》が生《せい》を享《う》けたことを思うと、あの川《かわ》も、あの山も、あの緑《みどり》や色《いろ》づき始めた樹々《きぎ》も、心《こころ》に染《し》みた。

あの道《みち》も、この道も、みな懐《なつ》かしく思えてならなかった。

二度目に訪《おとず》れた時（一九六〇年＝同《どう》三十五年二月）には、ある北陸の幹部から、ぜひ、金沢の卯辰山《うたつやま》に登《のぼ》るように勧《すす》められた。

そこから見た、金沢の景観《けいかん》は今も忘《わす》れることはできない。

一九八二年（同五十七年）の九月八日、私は石川《いしかわ》の小松空港《こまつくうこう》に降《お》り立った。

六年ぶりに訪《たず》ねた北陸《ほくりく》であった。また、私の初訪問《はつほうもん》から二十五年の節目《ふしめ》にもあたっていた。

私は、空港《くうこう》から、小松《こまつ》会館に少時間寄《よ》って、金沢《かなざわ》の石川《いしかわ》文化会館に向かった。

「とうとう来たよ！」

私は、玄関《げんかん》で待《ま》っていてくれた、懐《なつ》かしい笑顔《えがお》の同志《どうし》の方々《かたがた》に、そう挨拶《あいさつ》した。皆は、拍手《はくしゅ》で、心《こころ》からの喜《よろこ》びをもって迎《むか》えてくださった。

この北陸の天地《てんち》にも、数年にわたり、あの未曾有《みぞう》の、陰険《いんけん》にしてずる賢《がしこ》い、悪《あく》坊主《ぼうず》らの攻撃《こうげき》が続いていた。言語《げんご》に絶《ぜっ》する、これが人間かというくらいの悪口《あっこう》・讒言《ざんげん》を、彼らは、権力《けんりょく》の立場を利用《りよう》して吐《は》き捨《す》てていた。〝魔女狩《まじょが》り〟という言葉も、彼らは公然《こうぜん》と使《つか》い放《はな》っていた。

私は、北陸の同志が、かわいそうで、かわいそうでならなかった。悔《くや》しくて、悔しくてならなかった。いくら攻撃されても、〝衣《ころも》の権威《けんい》〟には敵《かな》わない、何も言えないのが、当時の現実《げんじつ》であったからだ。

そのころ、私は、ある同志《どうし》に、こう書き記《しる》して、一通《いっつう》の書簡《しょかん》を送《おく》った。

「革命《かくめい》の上のほうには真実《しんじつ》と正義《せいぎ》とが、嵐《あらし》の上にひろがる星空《ほしぞら》のように、きらめいているのである」(榊原晃三訳)

ビクトル・ユゴーの小説《しょうせつ》『九十三年』の言葉である。

また、ある友人《ゆうじん》には、フランスの作家《さっか》サン・テグジュペリの作品《さくひん》から、危難《きなん》を越《こ》えゆく勇気《ゆうき》の言葉を贈《おく》った。

「救《すく》いは一歩《いっぽ》踏《ふ》み出すことだ。さらにもう一歩。そして、たえずそのおなじ一歩を繰《く》り返すことだ」(山崎庸一郎訳)

大聖人の「竜《たつ》の口《くち》の法難《ほうなん》」の日を前にした、北陸《ほくりく》の滞在《たいざい》三日目の夕《ゆう》べ、私は、功労者《こうろうしゃ》の集《つど》いで日蓮門下《もんか》の「法難の歴史《れきし》」を論《ろん》じた。

無名《むめい》の農民信徒《のうみんしんと》が殉教《じゅんきょう》した「熱原法難《あつはら》」や、また、江戸《えど》時代に、ここ金沢《かなざわ》の地で日蓮仏法が広まり、七十年近《ちか》くも弾圧《だんあつ》された「金沢法難」等について語《かた》った。

そして、戦時中《せんじちゅう》の、わが創価の法難《ほうなん》を、牧口先生、戸田先生の獄中《ごくちゅう》の姿《すがた》も思い出しながら語《かた》っていった。

大難《だいなん》の嵐《あらし》を越《こ》えて進《すす》む、われらこそ、真実《しんじつ》の日蓮門下《もんか》として、御本仏《ごほんぶつ》からご称《しょう》賛《さん》があることは絶対《ぜったい》に間違《まちが》いない。

石川《いしかわ》から富山《とやま》へは、バスで移動《いどう》した。

当時は、よくバスを利用《りよう》したが、皆が〝動《うご》く本部〟〝動く参謀室《さんぼうしつ》〟と呼《よ》んでいた。頼《たの》もしくも、微笑《ほほえ》ましい表現《ひょうげん》であった。

富山に滞在中《たいざいちゅう》、台風《たいふう》が日本に上陸《じょうりく》したが、わが同志《どうし》は、強《つよ》き祈りと決意《けつい》で、その風雨《ふうう》さえも吹《ふ》き飛《と》ばす勢《いきお》いであった。

地元《じもと》の友《とも》が、丹精《たんせい》してくださった会館の庭《にわ》も、藤棚《ふじだな》も、輝《かがや》いていた。北陸《ほくりく》の天《てん》地《ち》が、明《あか》るく輝いて見えた。

この旅《たび》では、私は、数多《かずおお》くの揮《き》毫《ごう》を贈《おく》らせていただいた。

色紙《しきし》はもちろん、用意《ようい》してくださった衝立《ついたて》など、そばに揮毫できるものがあれば、次々と認《したた》めていった。石川《いしかわ》では、ある時は「誓《ちかい》」と記《しる》し、またある時は「師《し》　生誕《せいたん》ノ地」「石川広布《こうふ》」等々……。

富山《とやま》でも、私は筆《ふで》をとった。「富山　黎明《れいめい》　凱歌《がいか》の譜《ふ》」「生々《いきいき》と　富山広布の夜明《よあ》けかな」「富山瑞彩《ずいさい》」等々……。

敬愛《けいあい》する同志《どうし》のために、命《いのち》を捧《ささ》げた私である。常《つね》に、北陸《ほくりく》に来てさしあげたいが、なかなか、それもできない。

せめて、〝私は、いつも見守っています〟〝愛《あい》する北陸の友《とも》よ、頑張《がんば》れ！〟との、わが心《こころ》だけは残《のこ》しておきたかった。

私が帰《かえ》ったあと、揮毫《きごう》を見た北陸の友は、皆、喜《よろこ》んでくれたようで、そのお手《て》紙《がみ》は、今でも保存《ほぞん》してある。

ともあれ、妙法は「限《かぎ》りなき向上《こうじょう》の道《みち》」である。我らには、絶対《ぜったい》に行《ゆ》き詰《づ》まりがない。古来《こらい》、北陸は、日本海を内海《うちうみ》とする大交流《だいこうりゅう》の舞台《ぶたい》であった。

今、新時代の北陸《ほくりく》の大舞台《だいぶたい》は世界《せかい》である。イギリス、ペルー、フランスなど、多くの海外《かいがい》の同志《どうし》と姉妹交流《しまいこうりゅう》も重《かさ》ね、希望《きぼう》と友情《ゆうじょう》の海《うみ》は洋々《ようよう》と広がっている。

「世界の北陸」は、創価の青年が、新世紀《しんせいき》へ船出《ふなで》しゆく、平和《へいわ》の発信基地《はっしんきち》となってきた。

いよいよ来《きた》る二〇〇〇年は、戸田先生の生誕《せいたん》百周年――。

北陸の、大切《たいせつ》なわが友《とも》よ！

一人《ひとり》ひとりが、多くの仲間《なかま》とともに、閃々《きらきら》と心《こころ》を輝《かがや》かせながら、一日一日を生き抜いてくれ給《たま》え！

最後の勝利《しょうり》と歓喜《かんき》は、我らの胸《むね》の中《なか》にある！――と。

我らには正確《せいかく》な道《みち》がある。

宇宙《うちゅう》と一体《いったい》の信仰《しんこう》がある。

そして、偉大《いだい》な門《もん》があり、偉大にして大胆《だいたん》な、自己の建設《けんせつ》がある。

いかなる重々《おもおも》しき嵐《あらし》があろうが、我らには、幸福《こうふく》へと、猛烈《もうれつ》に震動《しんどう》しゆく絶対《ぜったい》の力《ちから》がある！　心がある！　団結《だんけつ》がある！

民衆の勝利の都・大東京

創価の栄冠へ！ 本陣の大使命

一九九九年四月十五日

「私たちは、試練《しれん》を、新《あたら》しい善《ぜん》の力《ちから》に転化《てんか》することができるのです」

これは、アメリカの社会福祉《ふくし》事業家《じぎょうか》、ヘレン・ケラーの言葉である。まったく、その通りであると思う。

また、フランスの有名《ゆうめい》な作家《さっか》アンドレ・ジッドは、次のような趣旨《しゅし》の言葉を述《の》べている。

――はやる心《こころ》で、いや、動《うご》かぬ忍耐《にんたい》で、君自身《じしん》を、誰《だれ》よりもかけがえのない一《いっ》個《こ》の人間として作《つく》り上げたまえ、と。

結論《けつろん》していえば、人間革命である。

やがて、襲《おそ》いかかるであろう、暗《くら》き戦争《せんそう》へ突入《とつにゅう》しゆく一九三〇年（昭和《しょうわ》五年）の十一月十八日。

この日、牧口常三郎と戸田城聖《じょうせい》の師弟《してい》によって、創価学会は、東京の地に誕生《たんじょう》したのである。つまり、世界《せかい》の広宣流布《こうせんるふ》の発信地《はっしんち》は、東京であったことは、将来《しょうらい》の歴史家《れきしか》たちが声高《こえたか》く書き留《とど》めるにちがいない。

創価学会の創始者《そうししゃ》である牧口先生の殉教《じゅんきょう》も、東京であった。

さらに、直弟子《じきでし》たる戸田城聖が、その師の仇討《あだう》ちを誓《ちか》い、敗戦《はいせん》の焦土《しょうど》のなかから一人《ひとり》立ちて、戦闘《せんとう》を始めたのも東京であった。

そして、私の五十年間にわたる広布《こうふ》の大法戦《だいほうせん》の拠点《きょてん》も、ここ東京であった。

すなわち、東京は、創価の源流《げんりゅう》である。

東京は、広宣流布の出発点《しゅっぱつてん》である。

東京は、師弟共戦《きょうせん》の発火点《はっかてん》である。

ゆえに、東京は、断《だん》じて勝たねばならぬ。その宿命《しゆくめい》と責務《せきむ》がある。

なんと誉《ほま》れ高き東京よ！

なんと重要《じゆうよう》な命運《めいうん》を担《にな》った東京か！


第二代戸田城聖《じようせい》会長が、会長就任《しゆうにん》の儀式《ぎしき》の時に、自己の決意《けつい》と広宣流布《こうせんるふ》への宣誓《せんせい》の意義《いぎ》を含《ふく》めて、七十五万世帯《せたい》の折伏《しやくぶく》の断行《だんこう》を宣言《せんげん》した。

しかし、学会の広布《こうふ》への前進《ぜんしん》は遅々《ちち》として、なかなか戸田の思うようにいかなかった。

戸田城聖は、鋭《するど》い指揮《しき》の棒《ぼう》を、一段《いちだん》と高く、彼方《かなた》をめざして振《ふ》るい始めた。

「これでは、とうてい七十五万世帯はできない。

大作、私に代《か》わって、広宣流布の折伏闘争《とうそう》の先頭《せんとう》に立ってくれ！」と。

私は、蒲田《かまた》支部での初陣《ういじん》に続き、一九五三年（昭和《しようわ》二十八年）の春《はる》、沈滞《ちんたい》、低《てい》迷《めい》していた文京《ぶんきよう》支部に、支部長代理《だいり》という立場で、馳《は》せ参《さん》じた。

文京の首脳一家《しゆのういつか》である、人柄《ひとがら》のよい、田中正一《たなかしよういち》さんのお宅《たく》に初《はじ》めて伺《うかが》った折《おり》のことも、今もって懐《なつ》かしい。

その日は、忘《わす》れ得《え》ぬ四月二十五日である。

勝利《しょうり》の根本《こんぽん》は、団結《だんけつ》である。

それは「信心の団結」でなければならない。

最初の会合である幹部会で、私は、皆の声《こえ》が揃《そろ》うまで、何度も題目《だいもく》を三唱《さんしょう》した。

なかなか、皆の題目が合わなかったからである。

簡単《かんたん》のようであるけれども、すべての広布《こうふ》の戦《たたか》いは、その出発《しゅっぱつ》の根本たる題目の唱和《しょうわ》が、朗々《ろうろう》として一致《いっち》した時に、何百倍もの、いな、無限《むげん》ともいうべき爆発《ばくはつ》的《てき》な力《ちから》へと触発《しょくはつ》されていくからである。

「皆で呼吸《こきゅう》を合わせて題目をあげよう！　皆の団結した題目が、いかなる障魔《しょうま》をも打ち破《やぶ》り、一切《いっさい》を勝利《しょうり》する力となることを知ってほしい」と、私は訴《うった》えた。

やがて、「心《こころ》のギア」が完全《かんぜん》に嵌《はま》ったように、皆の題目も揃い、「勝利のエンジン」が回転《かいてん》し始めていった。

あの日、お会いした文京《ぶんきょう》の同志《どうし》は、皆、本当《ほんとう》に人柄《ひとがら》のよい方々《かたがた》であった。

今でも、私は、その方々を忘《わす》れない。いな、健康《けんこう》と長寿《ちょうじゅ》と福運《ふくうん》ある人生《じんせい》であることを祈っている。

ともあれ、私は、信心の指導だけは厳《きび》しくした。

弱《よわ》い信心、弱い祈り、弱い心《こころ》では、人生は勝てない。いわんや、大きい勝《しょう》負《ぶ》には勝てないからだ。

「絶対《ぜったい》に勝つ」という執念《しゅうねん》が弱いところに、満足《まんぞく》な結果《けっか》は出ない。

蓮祖《れんそ》は仰《おお》せである。

「大信力《だいしんりき》を起《お》こせ!」「信心強盛《ごうじょう》たれ!」と。

私は、「意地《いじ》をもて!」「強気《つよき》でいけ!」「負《ま》けじ魂《だましい》を燃《も》やせ!」と訴《うった》えた。

仏法は勝負《しょうぶ》であるとともに、人生《じんせい》もまた勝負である。人生に負けた人びとの惨《みじ》めな姿《すがた》を、私はよく知っている。

勝つための執念《しゅうねん》の祈りが、日蓮仏法の信心である。


私は、文京《ぶんきょう》の友《とも》に合言葉を提案《ていあん》した。

それは「前進《ぜんしん》!」であった。

私も、文京中を走《はし》り回った。いな、前進の姿を見せた。

勝つために! 同志《どうし》を守るために!

皆も、同じように行動《こうどう》できる、戦《たたか》いの模範《もはん》の姿を見せたかった。

ある夜は、荘厳《そうごん》な心《こころ》をもって、御書を一緒《いっしょ》に学《まな》んだ。

また、ある日は、座談会《ざだんかい》に出席《しゅっせき》し、折伏《しゃくぶく》の最前線《さいぜんせん》に飛《と》び込《こ》み、縦横無尽《じゅうおうむじん》に破折《はしゃく》をし、生き抜くために、仏法がいかに無量無辺《むりょうむへん》の価値《かち》ある法《ほう》であるかを説《と》いた。

さらにある時は、青年たちと詩《し》を語《かた》り、有名《ゆうめい》な小説《しょうせつ》を語り合い、またロマンを語りながら、苦楽《くらく》をともに戦《たたか》った。

あの路地《ろじ》も、あの坂《さか》も、あの家々《いえいえ》の灯《ひ》も、美《うつく》しき月を仰《あお》いだ夜道《よみち》も、私には懐《なつ》かしい。

同志《どうし》は、私とともに、本当《ほんとう》によく戦ってくださった。

御金言《ごきんげん》には、「須《すべか》らく心《こころ》を一にして南無妙法蓮華経と我も唱《とな》へ他《た》をも勧《すす》んのみこそ今生人界《こんじょうにんかい》の思出《おもいで》なるべき」（御書四六七ジペー）と仰《おお》せである。広宣流布《こうせんるふ》のために戦いきった思い出こそ、三世《さんぜ》永遠《えいえん》の黄金《おうごん》の歴史《れきし》であり、誉《ほま》れである。

一カ月の折伏《しゃくぶく》が百世《せ》帯《たい》に満《み》たなかった文京支部《ぶんきょう》は、やがて、二百世帯を超《こ》える倍増《ばいぞう》の折伏をした。さらに年末《ねんまつ》には、四百世帯も突破《とっぱ》するに至《いた》った。

学会中が瞠目《どうもく》し、文京を見つめ始めた。

戸田先生も、笑顔《えがお》で、本当に嬉《うれ》しそうであられた。

「大作、すごいじゃないか。

文京は大発展《だいはってん》した。すごい力《ちから》になった」

後《のち》に、文京《ぶんきょう》は、折伏《しゃくぶく》の全国制覇《ぜんこくせいは》をも成《な》し遂《と》げ、「大文京」の名《な》を轟《とどろ》かせていくのである。

「たった一日でもライオンでありたい。一生《いっしょう》、羊《ひつじ》でいるよりはましだ」

小児麻痺《しょうにまひ》の治療《ちりょう》等に貢献《こうけん》した、オーストラリアの著名《ちょめい》な看護婦《かんごふ》、エリザベス・ケニーの言葉である。

日蓮仏法は獅子《しし》の集まりである。ゆえに、創価も獅子の集まりである。

御聖訓《ごせいくん》に「臆病《おくびょう》にては叶《かな》うべからず」（御書一一九三ジペー）――臆病では願《ねが》いをかなえることはできない――と仰《おお》せである。

わが東京の友《とも》よ！

今再《ふたた》び、「前進《ぜんしん》！」の声《こえ》も高らかに、獅子と立ちて、愉快《ゆかい》に、痛快《つうかい》に進《すす》もう！

地涌の使命・第二東京

平和と文化の連帯《れんたい》 人華《にんげ》に光あれ

一九九九年四月十七日

「嵐《あらし》を魂《たましい》としている人間だって、この世に存在《そんざい》しているものなのだ」（榊原晃三訳）

これは、ビクトル・ユゴーの有名《ゆうめい》な小説《しょうせつ》『九十三年』のなかの一節《いっせつ》である。

わが師《し》、戸田先生の薫陶《くんとう》は、激《はげ》しくして厳《きび》しかった。

「広宣流布《こうせんるふ》」という不滅《ふめつ》の平和《へいわ》を、世界《せかい》に創出《そうしゅつ》していくために、真実《しんじつ》の門下《もんか》に対しては、死《し》に物狂《ものぐる》いの訓育《くんいく》をしてこられた。

「宗教革命《かくめい》」がなされなければ、生命《せいめい》の安穏《あんのん》はない。

その「宗教革命」を土台《どだい》にして、初《はじ》めて「政治《せいじ》革命」、そして「経済《けいざい》革命」が必要《ひつよう》となる。

「政治革命」がなければ、社会の向上《こうじょう》と繁栄《はんえい》はない。

「経済革命」をしなければ、生活《せいかつ》の向上と、生きゆく糧《かて》がなくなってしまう。

ともあれ、永遠《えいえん》にわたりゆく世界《せかい》の「平和《へいわ》」と「幸福《こうふく》」のためには、その根本《こんぽん》となる「宗教革命」を断行《だんこう》するしかない。

これが、蓮祖《れんそ》の御遺命《ごゆいめい》であるとともに、広宣流布《こうせんるふ》という方程式《ほうていしき》であるからだ。

人類流転《じんるいるてん》の万年《まんねん》への志向《しこう》は、大仏法を基調《きちょう》として、「平和」「文化《ぶんか》」「教育《きょういく》」へ、現代的《げんだいてき》に開いていかねばならないことは、日蓮仏法の世界的路線《ろせん》である。

その実践《じっせん》を勇断《ゆうだん》された、わが師《し》の決意《けつい》と行動《こうどう》を、私たち弟子《でし》は、絶対《ぜったい》に虚妄《こもう》にしてはならない。ここに、創価学会の崇高《すうこう》なる使命《しめい》と特権《とっけん》があり、悠遠《ゆうえん》なる栄誉《えいよ》と資格《しかく》が実在《じつざい》していると、いってよい。

声《こえ》と声、笑《わら》いと笑いの賑《にぎ》やかな第二東京――。

武蔵野《むさしの》は、私の幼《おさな》き日からの憧《あこが》れであった。

この天地《てんち》に、妙法の種子《しゅし》が芽生《めば》えたのは、戦前《せんぜん》にさかのぼる。

牧口先生も、弾圧《だんあつ》の迫《せま》り来るなか、武蔵野台地《だいち》の保谷《ほうや》に、たびたび足《あし》を運《はこ》ばれ、尊い転教《とうと てんきょう》の足跡《そくせき》を残《のこ》してくださっている。

また、奥多摩《おくたま》の氷川《ひかわ》は、人生《じんせい》の師《し》である戸田先生が、真《しん》の門下生《もんかせい》たる、わが青年部を、こよなく愛《あい》し、厳《きび》しく訓練《くんれん》してくださった歴史的舞台《れきしてきぶたい》でもある。

そして私も、若《わか》き日には、福生《ふっさ》の地まで駆《か》けゆき、わが同志《どうし》とともに敢然《かんぜん》と戦《たたか》い、正法弘通《しょうほうぐずう》の思い出の闘争《とうそう》を刻《きざ》んだ。一九五三年（昭和《しょうわ》二十八年）のことである。

当時の福生は、地方《ちほう》の静《しず》かな田舎町《いなかまち》を歩《ある》いているような清閑《せいかん》さが感じられた。

同志の数《かず》も、十世帯余《せたいあま》りであった。現在《げんざい》は、福生、秋川一帯《あきがわいったい》で、その幾百倍《いくひゃくばい》の陣容《じんよう》となり、本当《ほんとう》に嬉《うれ》しく思っている。

私は、確信《かくしん》していた。

――三多摩方面《さんたまほうめん》は、今は、少数《しょうすう》の同志《どうし》の見えざる戦《たたか》いであるが、必《かなら》ず大発展《だいはってん》する時が来る。華《はな》やかな二十三区《く》に匹敵《ひってき》する、そして、その東京区部《くぶ》よりも重要《じゅうよう》な、妙法流布《るふ》の新《あら》たなる中心拠点《きよてん》になるにちがいない、と。

一九七八年（昭和《しょうわ》五十三年）の一月、私は完成《かんせい》して間《ま》もない立川《たちかわ》文化会館で、新たな広布決戦《こうふけっせん》の指揮《しき》をとり始めた。

本部幹部会も、全国《ぜんこく》の県長会《けんちょうかい》も、各方面《かくほうめん》の代表との協議《きょうぎ》も、幾度《いくたび》も、また幾度も、ここ立川文化会館を拠点に開催《かいさい》した。

ちょうど、〝第二章《だいにしょう》〟の支部制がスタートした時でもあり、東京の支部長会も、毎月のように立川で行《おこな》った。

皆様方は、遠《とお》き立川まで、嫌《いや》な顔《かお》もせず、使命感《しめいかん》に燃《も》えて、集《つど》ってくださった。その信心に、私は、最大の尊敬《そんけい》の念《ねん》を抱《いだ》いた。

かつて、戸田先生は、厳《げん》として言われた。

「私がいる所が本部だ！」

立川《たちかわ》文化会館も、まさに〝本部〟であった。

三類《さんるい》の強敵《ごうてき》との、攻防戦《こうぼうせん》の、本陣《ほんじん》であり、名指揮《めいしき》の牙城《がじょう》であった。

この年は、「熱原《あつはら》の法難《ほうなん》」から七百年にあたっていた。

一月に行《おこな》われた第一回の第二東京の支部長会で、私は語《かた》った。

「仏法は、永遠《えいえん》に『仏《ほとけ》』と『魔《ま》』との戦《たたか》いである。『魔』と戦闘《せんとう》しなければ、『仏』になれない。これが日蓮仏法である」と。

御書には、「天魔《てんま》力及《ちからおよ》ばずして・王《おう》

臣《しん》を始《はじ》めとして良観《りょうかん》等の愚癡《ぐち》の法師原《ほっしばら》に取り付《つ》いて日蓮をあだむなり」(一三四〇ページ)と仰《おお》せである。

現在《げんざい》の迫害《はくがい》の姿《すがた》も、全《まった》く同じである。〝天魔《てんま》の取り付いた〟頑昧《がんまい》な坊主《ぼうず》が、嫉妬《しっと》に狂《くる》い、権力《けんりょく》を使《つか》い、マスコミを利用《りよう》して、学会を苦《くる》しめてきた。

学会を乗《の》っ取ろうとした宗門《しゅうもん》の画策《かくさく》も、また然《しか》りである。

これこそ、わが学会が大聖人に直結《ちょっけつ》した、真実《しんじつ》の「和合僧《わごうそう》」なるがゆえの法難《ほうなん》であった。

ともあれ、邪悪《じゃあく》な輩《やから》から、仏意仏勅《ぶついぶっちょく》の学会を、わが尊《とうと》き同志《どうし》を、断《だん》じて守らねばならない! 清浄《せいじょう》な学会に、指一本《ゆびいっぽん》、触《ふ》れさせてなるものか!

私は暴風雨《ぼうふうう》の真《ま》っただ中《なか》に、一人《ひとり》立った。来る日も、来る日も、私は、愛《あい》する同志の中へ、民衆《みんしゅう》の中へ飛《と》び込《こ》んでいった。

八王子《はちおうじ》、小平《こだいら》、国分寺《こくぶんじ》、多摩《たま》、狛江《こまえ》、調布《ちょうふ》、田無《たなし》。あるいは〝村山《むらやま》〟、青梅《おうめ》、府中《ふちゅう》、国立《くにたち》……できることなら、すべての地域《ちいき》に行きたいと願《ねが》いながら、ある時は、会館に居合《いあ》わせた方々《かたがた》と語《かた》らい、またある時は、同志のお宅《たく》にお邪魔《じゃま》した。

あの愚劣《ぐれつ》と陰険《いんけん》な迫害《はくがい》のなかで、私は、わが学会を守る防波堤《ぼうはてい》となり、屋根《やね》となって戦《たたか》い抜いたつもりだ。これも、私の誉《ほま》れの歴史《れきし》と輝《かがや》いている。

私が名誉会長になって二年半《はん》が過《す》ぎた、一九八一年（昭和《しょうわ》五十六年）の十一月二日のことである。

その日は、激《はげ》しい雨《あめ》が降《ふ》っていた。しかし、立川《たちかわ》と西多摩《にしたま》の合同総会《ごうどうそうかい》に集《つど》った友《とも》は、八王子《はちおうじ》の創価大学の体育館《たいいくかん》を埋《う》めて、熱《あつ》く燃《も》えていた。

この日、私は「仏法は勝負《しょうぶ》である。断《だん》じて、我らは勝たねばならぬ」と、全生命《ぜんせいめい》で訴《うった》えた。

「我々には、なすべき行軍《こうぐん》、交《まじ》えるべき戦い、挑《いど》むべき苦難《くなん》がある。強固《きょうこ》な一念《いちねん》が、我々に勝利《しょうり》をもたらすであろう」とは、ある大英雄《だいえいゆう》の叫《さけ》びである。

そして私は、最後に、「新《あたら》しい希望《きぼう》の歌を歌おう！　一緒《いっしょ》に歌おう！」と、指揮《しき》をとった。

その曲《きょく》は、「嗚呼《ああ》　黎明《れいめい》は近《ちか》づけり」であった。

……君が愁《うれ》いに　我は泣《な》き
我《わ》が喜《よろこ》びに　君は舞《ま》う
若《わか》き我等《われら》が　頬《ほお》に湧《わ》く
その紅《くれない》の　血《ち》の響《ひび》き　（沼間昌教・作詞）

当時、全《まった》く、本格的《ほんかくてき》な地方《ちほう》指導に行かぬ私のことを、多くの同志《どうし》が心配《しんぱい》していた。宗門《しゅうもん》の権威《けんい》が、私を動《うご》かせぬようにしてきたことを、皆、知っていた。その卑劣《ひれつ》さに、怒《いか》りに燃《も》えていた。

その鉄鎖《てっさ》を切った私が、獅子《しし》のごとく、関西から四国《しこく》へと飛《と》び込《こ》んでいったのは、この一週間後《いっしゅうかんご》のことであった。

「勇猛《ゆうもう》さは、足《あし》と腕《うで》がしっかりしているということにはなく、心《こころ》と魂《たましい》の堅固《けんご》さにある」（荒木昭太郎訳）

これは、若《わか》き日によく読《よ》んだ、フランスの哲学者《てつがくしゃ》・モンテーニュの『エセー（随想録《ずいそうろく》）』の一節《いっせつ》である。

今や、わが第二東京は、まばゆい武蔵野《むさしの》の緑《みどり》のごとく、目覚《めざ》ましい「勇猛精進《ゆうみょうしょうじん》」の大発展《だいはってん》を続けている。

第二東京には、牧口先生の魂《たましい》がある。東京牧口記念会館がそびえ立っている。内外《ないがい》を問《と》わず、全世界《ぜんせかい》の友《とも》が、何千、何万人と、喜々《きき》として語《かた》り合いながら、集《つど》って来る。

世界各国《かっこく》から、多くの留学生《りゅうがくせい》も集い来る、英知《えいち》の象徴《しょうちょう》たる創価大学も輝《かがや》いている。

秀才《しゅうさい》の誉《ほま》れ高き学問《がくもん》の府《ふ》、創価学園も、二十一世紀《せいき》をめざして、若き人材《じんざい》を、無数《むすう》に育成《いくせい》している。

第二東京！　新世紀を、栄光《えいこう》の本舞台《ほんぶたい》として、仏法基調《きちょう》の「文化《ぶんか》」と「平和《へいわ》」と「教育《きょういく》」の第二章《だいにしょう》へ、いよいよ動《うご》き始め給《たま》え！　堂々《どうどう》と！

第二東京、万歳《ばんざい》！

大東京の不滅の地盤

我らの行進は　永遠に民衆と共に！

一九九九年四月十九日

「よい知恵《ちえ》や立派《りっぱ》な思想《しそう》は、すべて苦難《くなん》にきたえられて生まれてくる」（秋山英夫訳）とは、スイスの思想家・ヒルティの有名《ゆうめい》な言葉である。

わが壮大《そうだい》な使命《しめい》をもつ創価学会は、民衆《みんしゅう》の大地《だいち》から誕生《たんじょう》した。

権力《けんりょく》もない。財力《ざいりょく》もない。権威《けんい》の地盤《じばん》もない。そのなかから、宝塔《ほうとう》の涌現《ゆげん》するがごとく、この世界《せかい》に、不思議《ふしぎ》な力《ちから》と使命をもちながら、屹立《きつりつ》した。

ゆえに、わが学会は、永遠《えいえん》に、民衆とともに歩《あゆ》む！

民衆《みんしゅう》のために戦《たたか》う！

民衆と民衆の、連帯《れんたい》の平和《へいわ》の大要塞《だいようさい》をつくりながら、人類《じんるい》の幸福《こうふく》を守る！

今や、宗教界の多くは、沈澱《ちんでん》してしまった。いな、衰微《すいび》してしまった。活力《かつりょく》もなく、当初の目的観《もくてきかん》も失《うしな》い、幽霊《ゆうれい》のような状態《じょうたい》になってしまった。

かつて、フランスの作家《さっか》、アンドレ・モロワは語《かた》った。

「ローマが英雄《えいゆう》たちのローマであったかぎり、ローマは繁栄《はんえい》していました。ローマがみずから築《きず》きあげた価値《かち》を尊重《そんちょう》しなくなったとき、ローマは滅《ほろ》んだのです」（谷長茂訳）

要《よう》するに、あの〝永遠《えいえん》のローマ〟が滅んだ根本原因《こんぽんげんいん》は、結局《けっきょく》、人びとが「草創《そうそう》の精神《せいしん》」を忘《わす》れ去《さ》ったためであったと。

確《たし》かに、鋭《するど》い洞察《どうさつ》といってよいであろう。

世界《せかい》に広がる創価学会の連帯は、ますます朝日《あさひ》の昇《のぼ》るがごとく、光《ひか》り輝《かがや》いている。それは、人類が待望《たいぼう》している思想《しそう》であり、哲学《てつがく》であるからだ。

蓮祖《れんそ》の広宣流布《こうせんるふ》の心《こころ》は、加速度《かそくど》を増《ま》しながら進《すす》みゆく学会の姿《すがた》のなかにのみ、見いだすことができよう。

この原点《げんてん》の誇《ほこ》りを、絶対《ぜったい》に忘《わす》れてはならない。

一九八〇年（昭和《しょうわ》五十五年）のことである。

この祝賀《しゅくが》の創立《そうりつ》五十周年は、果《は》てしなき卑劣《ひれつ》な攻撃《こうげき》と、大難《だいなん》の風波《ふうは》が吹《ふ》き荒《あ》れた日々であった。

その本陣《ほんじん》たる、わが大東京も、さまざまな次元《じげん》で、苦悩《くのう》と苦杯《くはい》を嘗《な》めてきた。一歩《いっぽ》、退《しりぞ》いたら、牙《きば》を抜き取られるような、厳《きび》しい状態《じょうたい》の日々であった。皆も、何をしたらよいか、どうしたらよいのか、ためらい始めていた。

私は、その姿《すがた》を見て、あまりにも情《なさ》けなかった。

なんと、ふがいない幹部たちよ。私を引退《いんたい》させておいて、自分の責任《せきにん》まで忘れ去《さ》っている臆病《おくびょう》な姿に、私は怒《いか》りを覚《おぼ》えた。

初代《しょだい》会長・牧口常三郎、二代会長・戸田城聖《じょうせい》の、何ものも恐《おそ》れぬ獅子《しし》のごとき、あの学会精神《せいしん》はどこへいったのか！

寒風《かんぷう》の吹《ふ》きすさぶ、その年の暮《く》れであった。

宗門一派《しゅうもんいっぱ》の陰険《いんけん》な嫉妬《しっと》のために、当時の私の置《お》かれた立場は、会合にも自由に出られず、指導も思うようにできなかった。

恐《おそ》ろしく黒《くろ》き権威《けんい》の鎖《くさり》が、いつも私を縛《しば》りつけていた。

今でも、その黒い陰謀《いんぼう》のつながりは、何の道理《どうり》もなく、私を脅《おど》し、中傷《ちゅうしょう》し、嘘八百《うそはっぴゃく》を売《う》り物《もの》にしている。

しかし、レオナルド・ダ・ヴィンチの言葉の幾《いく》つかを思い出すと、笑《わら》いたくなる。

「嫉妬《しっと》は架空《かくう》の醜名《しゅうめい》をもって、つまり、讒謗《ざんぼう》をもって攻撃《こうげき》する」

「穴《あな》を掘《ほ》るもののうえに、穴は崩《くず》れる」

「脅迫《きょうはく》とはひとえに脅《おび》えた者《もの》の武器《ぶき》にすぎない」(杉浦明平訳)

ともあれ、戦《たたか》うことが信心である！　学会精神《せいしん》である！

私は一人《ひとり》、戦いを開始した。

小《ちい》さな会合へ！

小さな懇談会《こんだんかい》へ！

小さな指導会へ！

連日《れんじつ》のごとく、東京各区《かっく》の小さな城《しろ》へ、同志《どうし》の方々《かたがた》のもとへと、懸命《けんめい》に走《はし》り続けた。

十二月十六日には、葛飾《かつしか》・足立《あだち》・江戸川《えどがわ》の友《とも》と懇談。翌《よく》十七日は豊島《としま》・練馬《ねりま》・板橋《いたばし》・北《きた》の同志、二十二日には江東《こうとう》・墨田《すみだ》・荒川《あらかわ》の友とお会いした。二十三日は大田《おおた》。二十五日は杉並《すぎなみ》。

二十六日に第二東京へ行《い》ったあと、二十八日は新宿《しんじゆく》。三十日は世田谷《せたがや》・目黒《めぐろ》・渋谷《しぶや》の同志《どうし》と……。

東京よ、勇敢《ゆうかん》に立ち上がれ！

東京よ、強《つよ》くなれ！　私に続け！　と、私は真剣《しんけん》に叫《さけ》んだ。

私は、多忙《たぼう》な時間をこじあけ、大東京を回り抜いた。

懐《なつ》かしき草創《そうそう》の友《とも》のもとへ！

新《あたら》しき青年の渦《うず》のなかへ！

中野《なかの》、品川《しながわ》の新しい法城《ほうじょう》にも、足《あし》を運《はこ》んだ。

台東《たいとう》と中央《ちゅおう》、文京《ぶんきょう》、また、港《みなと》と千代田《ちよだ》の皆様とも、何度もお会いした。

独楽《こま》の軸《じく》は小《ちい》さい。しかし、全体《ぜんたい》を動《うご》かす力《ちから》をもっている。ゆえに、小さな会合や、少《すく》ない同志と語《かた》り抜いていくことが、大《おお》いなる回転《かいてん》を始める根本《こんぽん》であることを、私は知っていた。

ともあれ、〝埋《うず》み火《び》〟から、真《ま》っ赤《か》な炎《ほのお》を燃《も》え上がらせるように、私は、東京に勇気《ゆうき》の風《かぜ》を送《おく》り続けたのである。

一九八一年（昭和《しょうわ》五十六年）の十月二十五日、〝民衆《みんしゅう》の都《みやこ》〟足立《あだち》の一万五千人の友《とも》が、八王子《はちおうじ》の創価大学に集《つど》って来《こ》られた。

東京の各地域《かくちいき》の総会《そうかい》の、冒頭《ぼうとう》を飾《かざ》る会合であった。

この足立家族《かぞく》の友好《ゆうこう》総会で、私は訴《うった》えた。

「いかなる迫害《はくがい》にも、私は不動《ふどう》である。何も恐《おそ》れない！　私は戦《たたか》う！

そして、皆様の信心が盤石《ばんじゃく》であるかぎり、学会は盤石である！」

青空《あおぞら》に轟《とどろ》きわたった、この時の同志《どうし》の誓《ちか》いの大拍手《だいはくしゅ》は、今再《ふたた》びの創価の進軍《しんぐん》の合図《あいず》となった。

庶民《しょみん》は強《つよ》い。

庶民は正《ただ》しい。

庶民は、率直《そっちょく》で、賢明《けんめい》である。

家族のような温《あたた》かさ、血《ち》の通《かよ》った人情《にんじょう》がある。そして、邪悪《じゃあく》を許《ゆる》さぬ、まっすぐな正義《せいぎ》の光線《こうせん》がある。

この民衆《みんしゅう》の底力《そこぢから》こそ、学会の地盤《じばん》であることを、私は知悉《ちしつ》していた。これこそ、全組織《ぜんそしき》に、信心の血潮《ちしお》を通《かよ》わせ、学会精神《せいしん》の電流《でんりゅう》を送《おく》る源泉《げんせん》である。

青春の日より、私の地盤も、たくましき庶民《しょみん》の街《まち》であった。

一九五三年（昭和《しょうわ》二十八年）一月から、一年三カ月余《あま》りにわたり、私は、男子部の第一部隊《ぶたい》の幹部として戦《たたか》った。

部員《ぶいん》の多くは、当時の小岩《こいわ》・向島《むこうじま》・城東《じょうとう》の各支部に所属《しょぞく》していた。

私は街々を駆《か》けた。日の当《あ》たらぬ、路地《ろじ》の奥《おく》の奥まで、自転車《じてんしゃ》で回り、同志《どうし》と走《はし》り抜いたことは、誇《ほこ》り高き思い出である。

「五月三日」の戸田先生の会長就任《しゅうにん》（向島の常泉寺《じょうせんじ》）も、私の会長就任（両国《りょうごく》の日大講堂《にちだいこうどう》）も、この下町《したまち》の、庶民の舞台《ぶたい》であったことは、決《けっ》して偶然《ぐうぜん》ではないだろう。

「生命《せいめい》は生命と出会うと輝《かがや》き出て磁気《じき》を帯《お》びるが、孤立《こりつ》すれば消《き》え入ってしまう」(ミシュレ、大野一道訳)という、大歴史家《だいれきしか》の言葉を思い出しながら、私は走《はし》った。

今も、走り続けている。

——人と人を結《むす》べ!
友情《ゆうじょう》と友情を結合《けつごう》させよ!
信頼《しんらい》の種《たね》を、植《う》えつけよ!
永遠《えいえん》に崩《くず》れぬ、人間と人間の団結《だんけつ》の城《しろ》をつくれ!
何ものも恐《おそ》れるな!
何ものにも屈《くっ》するな!
獅子《しし》の軍団《ぐんだん》をつくれ!
わが大東京よ、その偉大《いだい》なる模範《もはん》を天下《てんか》に示《しめ》すのだ!
——と、いつも祈りながら!

幸福の島・沖縄

希望の世紀は　われらの手で！

一九九九年六月十一日

今、わが沖縄《おきなわ》の友《とも》が、燃《も》えに燃えている。

陽気《ようき》な無限《むげん》の喜《よろこ》びを、胸《むね》いっぱいに呼吸《こきゅう》しながら、にぎやかに前進《ぜんしん》している。

一九六一年（昭和《しょうわ》三十六年）の一月二十八日のことである。

私が、初《はつ》のアジア広布《こうふ》の旅立《たびだ》ちをしたその時、祝福《しゅくふく》の合図《あいず》を送《おく》るがごとく、弘教《ぐきょう》日本一の勝利《しょうり》の旗《はた》をもって、最高の美《うつく》しい瞳《ひとみ》をもって、歓送《かんそう》してくださったのは、沖縄の地涌《じゆ》の同志《どうし》であった。

沖縄《おきなわ》の同志《どうし》の方々《かたがた》は、まことに実直《じっちょく》であられる。

いかなる労苦《ろうく》に対しても、「私は永久《えいきゅう》に〝広宣流布《こうせんるふ》〟という仕事《しごと》を忘《わす》れない！」と語《かた》る。

その活発《かっぱつ》な、若々《わかわか》しい魂《たましい》の姿《すがた》を見ながら、多くの本土《ほんど》のメンバーが、どれほど感動《かんどう》したことか。

砂浜《すなはま》と青《あお》き海《うみ》を眺《なが》めながら、皆様は、広き心《こころ》で、どれほど多くの悩《なや》み疲《つか》れた人びとを、激励《げきれい》してきたことか。

広宣流布とは、「友情《ゆうじょう》の拡大《かくだい》」である。「幸福《こうふく》の華《はな》の拡大」であり、「正義《せいぎ》の光《ひかり》の拡大」である。

それは「人のつながり」で決まる。「法《ほう》」といっても、目には見えない。見えるのは、「人」である。故《ゆえ》に、広布《こうふ》とは、「善《ぜん》なる人の連帯《れんたい》」を、どこまでも広げ、強《つよ》めていくことである。

天《てん》も地も、人の心も美《うつく》しき「光の国」沖縄は、その光彩《こうさい》を嫉妬《しっと》されたかのごとく、残忍《ざんにん》な国家主義《こっかしゅぎ》によって、幾年《いくとせ》もまた幾年も、暗黒《あんこく》の犠牲《ぎせい》の夜を強《し》いられてきた。

県民《けんみん》の三人に一人《ひとり》が亡《な》くなられたともいわれる、あの凄惨《せいさん》な沖縄戦《おきなわせん》の悲劇《ひげき》がそうであった。

戦前《せんぜん》も、さらに戦後《せんご》も、そうであった。

仏法は、一番苦《くる》しんできた人が幸《しあわ》せになるためにある。一番不幸《ふこう》を味《あじ》わった地《ち》域《いき》が、燦然《さんぜん》と楽土《らくど》と輝《かがや》くためにある。暗《あん》から明《めい》へ、夜から朝《あさ》へ、天空《てんくう》を動《うご》かしゆくがごとき、生命変革《せいめいへんかく》の回転軸《かいてんじく》が、妙法である。

その〝妙法の種《たね》〟が沖縄に蒔《ま》かれたのは、一九五四年（昭和《しょうわ》二十九年）のことであった。

初代《しょだい》支部長の安見福寿《やすみふくじ》さん（現・参議《さんぎ》）が沖縄に渡《わた》ったのだ。当時、彼は、入《にゅう》会《かい》してわずか十日余《あま》りであった。

戸田先生は、沖縄でも、必《かなら》ず一人の地涌《じゆ》の菩薩《ぼさつ》が立つと予見《よけん》されていたが、その通り、たった一人から、沖縄広布《こうふ》の火蓋《ひぶた》は切られたのである。

沖縄《おきなわ》には、安見《やすみ》さんを第一番として四千番まで、入会《にゅうかい》された方々《かたがた》のお名前が記《き》録《ろく》された草創《そうそう》の名簿《めいぼ》が、大切《たいせつ》に保管《ほかん》されていると伺《うかが》った。一人《ひとり》また一人と立ち上がり、一人から一人へと語《かた》り継《つ》いで、久遠《くおん》の使命《しめい》に続いた歴史《れきし》の縮図《しゅくず》である。

この地涌《じゆ》の原理《げんり》のままに、今再《ふたた》び、「平和《へいわ》の世紀《せいき》」への勇者《ゆうしゃ》の行進《こうしん》が、壮大《そうだい》に始まっている。

私は、第三代会長に就任《しゅうにん》すると直《ただ》ちに、愛《あい》する友《とも》の待《ま》つ沖縄を訪問《ほうもん》させていただいた。一九六〇年（昭和《しょうわ》三十五年）の、真夏《まなつ》の七月十六日のことである。まだアメリカの施《し》政権下《せいけんか》であり、パスポートを持《も》っての〝入国《にゅうこく》〟であった。

ともあれ、あの日、あの時、私は一人、この「悲劇《ひげき》の島《しま》」を「幸福《こうふく》の島」へ、宿命《しゅくめい》の転換《てんかん》を誓《ちか》ったのである。

以来、今までに訪問すること十六回を数《かぞ》え、沖縄の皆様との綺羅《きら》の思い出は、わが胸中《きょうちゅう》のロマンの星座《せいざ》に輝《かがや》いている。

その一つ一つを書き尽《つ》くすことはできないが、ちょうど二十五年前（一九七四

年＝昭和《しょうわ》四十九年）の二月、私が、八《や》重《え》山《やま》の石垣島《いしがきじま》から宮古島《みやこじま》に入《はい》った時、わが友《とも》に語《かた》った思いは、今も変わらぬ、不動《ふどう》の信念《しんねん》である。

「今までも私は、不幸《ふこう》な人の味方《みかた》となって戦《たたか》ってきたつもりであります。今後とも、いかなる批判《ひはん》も受けとめ、一人《ひとり》確然《かくぜん》と、庶民《しょみん》のために、庶民を守る庶民党の党首《とうしゅ》として生き抜いてまいります！」と。

恩納村《おんなそん》の沖縄研修道場《おきなわけんしゅうどうじょう》にある「世界《せかい》平和《へいわ》の碑《ひ》」は、かつての米軍《べいぐん》の「ミサイル基地《きち》」の跡地《あとち》である。

冷戦下《れいせんか》には、ミサイルは中国《ちゅうごく》に向け

られていた。

今、アメリカからも、そして中国《ちゅうごく》からも、内外問《ないがいと》わず、世界《せかい》の友《とも》が訪《おとず》れてくださる。

デンマーク出身《しゅっしん》の平和研究者《へいわけんきゅうしゃ》ヤン・エーベリ博士《はくし》は、こう語《かた》られたそうだ。

「ここに立つと、〝核《かく》時代〟の狂気《きょうき》が見えてきます。

戦争《せんそう》のための基地《きち》を、平和を発信《はっしん》するセンターに転換《てんかん》させたSGI会長の着眼《ちゃくがん》、発想《はっそう》に敬意《けいい》を表《ひょう》したい。世界に存在《そんざい》する基地が、このような〝平和発信の基地〟になる日まで、私たちは希望《きぼう》をもって、戦《たたか》い続けなければなりません」

私のことはともかく、一念《いちねん》が変われば、国土《こくど》も変わる、必《かなら》ず涙《なみだ》の歴史《れきし》を転換していけることを、厳然《げんぜん》と示《しめ》したかった。

「ミサイル基地」が、「永遠《えいえん》平和の基地」に変わった。

それは、「戦争と暴力《ぼうりょく》に蹂躙《じゅうりん》された慟哭《どうこく》の二十世紀《せいき》」をも、「母《はは》と子の笑《わら》いさざめく平和の二十一世紀」に変えられるという象徴《しょうちょう》なのだ。

絶対《ぜったい》に、そう変えていくという誓願《せいがん》なのだ。

中国《ちゅうごく》・三国《さんごく》時代の魏《ぎ》の詩人《しじん》、曹植《そうしょく》は詠《よ》んだ。

「丈夫《じょうふ》　四海《しかい》に志《こころざ》さば
万里《ばんり》も猶《な》お比隣《ひりん》のごとし」

〈男子が世界《せかい》への雄飛《ゆうひ》を志したうえは、万里の彼方《かなた》も隣近所《となりきんじょ》のようなものである〉

武力《ぶりょく》ではなく、文化《ぶんか》の宝《たから》で、「万国《ばんこく》の津梁《しんりょう》（懸《か》け橋《はし》）」たらんと志したのが、「世界の沖縄《おきなわ》」の心《こころ》であった。

つい先日《せんじつ》も、民音《みんおん》の「アジア平和芸能《へいわげいのう》フェスティバル」が行《おこな》われ、アジア七カ国《こく》・地域《ちいき》と沖縄の〝舞《まい》の競演《きょうえん》〟に、大喝采《だいかっさい》が送《おく》られたばかりだ。

まさに、千客万来《せんきゃくばんらい》――。

「イチャリバ・チョーデー（行き会えば、皆、兄弟《きょうだい》）」との言葉のごとく、沖縄の海風《うみかぜ》は、人間を引き裂《さ》く、国家主義《こっかしゅぎ》の「鉄の暴風《ぼうふう》」にも屈《くつ》することなき、心と心を結《むす》ぶ「文化の薫風《くんぷう》」であった。

平和《へいわ》こそ、文化《ぶんか》の華《はな》の大地《だいち》である。絶対《ぜったい》に、平和を守らねばならない。そのうえで、今度は、千花《せんか》、万花《ばんか》に彩《いろど》られた花園《はなぞの》が人の心《こころ》を魅了《みりよう》し、和《なご》ませ、平和の心を育《はぐく》むように、「人間」を大切《たいせつ》にし、「民衆《みんしゅう》」によって担《にな》われた「文化の要塞《ようさい》」こそ、「平和の要塞」の盤石《ばんじやく》なる礎《いしずえ》となるのである。

さあ、希望《きぼう》の世紀《せいき》は、われらの手で！

今、沖縄《おきなわ》に、新《あたら》しき「平和の文化」の太陽は昇《のぼ》り始めた。

あらゆる苦難《くなん》の黒雲《くろくも》を突《つ》き破《やぶ》って、赫々《かつかく》と輝《かがや》き始めた！

神奈川の光る海

新世紀に輝け！　勝利と希望の港

一九九九年二月十七日

不滅《ふめつ》なる　連戦連勝《れんせんれんしょう》　飾《かざ》りたる
　大神奈川《だいかながわ》よ　更《さら》に勝ちゆけ

幾度《いくたび》となく、私は、横浜《よこはま》にある神奈川文化会館を訪問《ほうもん》した。そのたびに、眼前《がんぜん》に広がる海《うみ》を見つめた。あの青《あお》く光《ひか》る夏《なつ》の海は忘《わす》れることができない。

黙々《もくもく》と往《ゆ》き来《き》する多くの船《ふね》の行き先は、いずこの国かと思ったりした。

港《みなと》・ヨコハマの名《な》は、世界《せかい》に知られる。明治《めいじ》の時代には、生糸《きいと》の海外《かいがい》への積《つ》み出し港《こう》としても、大変、有名《ゆうめい》であった。日本各地《かくち》からの「絹《きぬ》」が横浜《よこはま》をめざして集《あつ》まり、それが、横浜の「シルクロード（絹の道《みち》）」をつくりあげた。

時代は大きく移《うつ》り変わり、今、われわれは、新《あたら》しき世紀《せいき》の夜明《よあ》けともいうべき、仏法の人間主義《しゅぎ》で世界を結《むす》ぶ、「精神《せいしん》のシルクロード」を開拓《かいたく》し始めたのである。

これこそ、真実《しんじつ》の平和《へいわ》の道であり、文化《ぶんか》の道であり、新しき時代への大道《たいどう》といってよいだろう。その限《かぎ》りなき希望《きぼう》と目的《もくてき》と、青春の歓《よろこ》びをもって戦《たたか》う、先駆者《せんくしゃ》としての、偉大《いだい》なる神奈川《かながわ》の同志《どうし》の存在《そんざい》にこそ、世界の友《とも》が目を向けていると、私は確信《かくしん》したい。

私と神奈川とは、あまりにも縁《えん》が深《ふか》い。青春時代の、無数《むすう》の呼吸《こきゅう》をしてきた歴《れき》史《し》がある。いつも、新しき永遠《えいえん》の広布《こうふ》の道を創造《そうぞう》してきた輝《かがや》きがある。

私は、折伏《しゃくぶく》に走《はし》った。座談会《ざだんかい》に走った。個人《こじん》指導に走った。御書講義《こうぎ》にも走った。

私の心臓《しんぞう》の鼓動《こどう》の中《なか》には、常《つね》に、愛《あい》する神奈川《かながわ》の友《とも》があった。

ことに、庶民《しょみん》の町《まち》・鶴見《つるみ》（横浜市《よこはまし》）にあった、森田悌二《もりたていじ》さん（鶴見支部初代《しょだい》支部長）、佐々木庄作《ささきしょうさく》さん（第二代支部長）などのお宅《たく》は、幾度《いくたび》となくお邪魔《じゃま》した。

一九五五年（昭和《しょうわ》三十年）の春《はる》のことである。

この時、学会が基盤《きばん》となり、〝王仏《おうぶつ》

冥合《みょうごう》〟を謳《うた》っての、第一回の選挙戦《せんきょせん》が開始された。

それは、政治《せいじ》に慈悲《じひ》の精神《せいしん》の血《ち》を通《かよ》わせ、民衆《みんしゅう》の幸福《こうふく》を根本《こんぽん》とした、新《あたら》しき社会の建設《けんせつ》をめざすものであった。

私は、戸田会長から、「民衆の幸福のために頼《たの》む」と厳命《げんめい》されて、東京都議会《とぎかい》の大田区《おおたく》と、横浜市議会《よこはましぎかい》の鶴見区《つるみく》の選挙の、両者《りょうしゃ》の責任《せきにん》をもって、指揮《しき》をとった。懐《なつ》かしく、誇《ほこ》り高き、思い出の初陣《ういじん》である。

「一切法《いっさいほう》は皆是仏法《これ》」（御書五六三ジペー）であるがゆえに、戦《たたか》いは、勝たねばならない。法華経《ほけきょう》に、「世雄《せおう》」という意義《いぎ》の経文《きょうもん》がある。現実《げんじつ》の世の中《なか》で、雄々《おお》しく民衆の救済《きゅうさい》に戦う人を、仏《ほとけ》というのである。

断《だん》じて、社会で勝たねばならない。

断じて、社会で証明《しょうめい》しなければならない。多くの同志《どうし》が、その勝利《しょうり》を、笑顔《えがお》で待《ま》っている。新《あたら》しい時代の到来《とうらい》とともに——。

その日、二万の青年たちの心意気《こころいき》は、冷《つめ》たい雨《あめ》もものともせず、天《てん》を衝《つ》く勢《いきお》いで、あの横浜《よこはま》の大スタジアムに、平和《へいわ》と文化《ぶんか》の賛歌《さんか》を、怒濤《どとう》のごとく、嵐《あらし》のごとく、響《ひび》かせていた。

一九八四年（昭和《しょうわ》五十九年）九月の、あの〝雨《あめ》の神奈川《かながわ》青年平和音楽祭《おんがくさい》〟である。

しかし、次第《しだい》に、雨は激《はげ》しくなり、私は、参加者《さんかしゃ》に風邪《かぜ》をひかせてはならないと、終了《しゅうりょう》を早《はや》めるようにお願《ねが》いした。

最後に私は、青年たちを励《はげ》まそうと語《かた》り始めたが、雨に濡《ぬ》れたマイクは、プツリと音《おと》が切れてしまった。その時――。

「先生！」

こう叫《さけ》んで、一人《ひとり》の青年が、脱兎《だっと》のごとく駆《か》け寄《よ》り、大事《だいじ》に握《にぎ》り締《し》めたマイクを、手渡《てわた》してくれた。ありがたかった。そのマイクで、私は、無事《ぶじ》に、終了宣言《せんげん》の話《はなし》をすることができたのである。

その青年は、偶然《ぐうぜん》にも、練習《れんしゅう》の時に使《つか》ったワ、イ、ヤ、レ、スマイクを、濡れないように、そっと鞄《かばん》の中《なか》にしまっていてくれたようだ。

「万一《まんいち》のことがあったら」と思いつつ……。

その無名《むめい》の一青年の魂《たましい》を、私は、生涯忘《しょうがいわす》れることはないだろう。
「まことの時」に立ってこそ、そして、そこで正義《せいぎ》と勝利《しょうり》の旗《はた》を掲《かか》げてこそ、
真《しん》の勇者《ゆうしゃ》である。

誉《ほま》れある　大神奈川《だいかながわ》に　栄光《えいこう》の
　創価の同志《どうし》の　なんと晴《は》れやか

さあ、晴れ晴れと、二十一世紀《せいき》という「創価の世紀」へ！
世界《せかい》の友《とも》が、神奈川の燦《さん》たる勝利を見つめ、待《ま》っている。

正義の大道征く埼玉

「創価ルネサンス」と我らのロマン

一九九九年三月三日

ヴィクトル・ユゴーは語《かた》った。

彼の革命《かくめい》の書《しょ》『九十三年』の一節《いっせつ》である。

「革命とは、民衆《みんしゅう》が君臨《くんりん》することであり、その根本《こんぽん》においては、《民衆》は《人間》なのである」（榊原晃三訳）

わが埼玉《さいたま》も、私の青春時代の大法戦場《だいほうせんじょう》の一つであった。

人生《じんせい》、勝ちたる者《もの》の剣《つるぎ》は光《ひか》り輝《かがや》き、敗《やぶ》れし者の叫《さけ》びは、あまりにも暗黒《あんこく》の妬《ねた》みと怨《うら》みの呻《うめ》きである。

広宣流布《こうせんるふ》に立ち向かう人は、賢者《けんじゃ》であり、勝者《しょうしゃ》であらねばならない。

絶対《ぜったい》に勝ちゆくところに、仏法の意義《いぎ》がある。


この埼玉《さいたま》の地も、かつては〝北武蔵《きたむさし》〟と呼《よ》ばれ、幾春秋《いくしゅんじゅう》の栄枯《えいこ》盛衰《せいすい》の歴史《れきし》を留《とど》めた天地《てんち》でもあった。わが師《し》、戸田先生と御一緒《ごいっしょ》に、夕《ゆう》やみ迫《せま》る、埼玉側《がわ》の荒川《あらかわ》の土手《どて》を語《かた》りながら歩《ある》いた、懐《なつ》かしきあの日。

あの幾度《いくたび》となく、御書講義《こうぎ》のために馳《は》せ参《さん》じた、川越《かわごえ》の思い出。

我らの元初《がんじょ》の使命《しめい》である広宣流布のために、私は、草創《そうそう》の誉《ほま》れの支部である志《し》木《き》の同志《どうし》のもとへ駆《か》けた。さらに、朝霞《あさか》へ、大宮《おおみや》へ、川口《かわぐち》へ、浦和《うらわ》へ、ある時は、熊谷《くまがや》の地へ、与野《よの》へと走《はし》った。

また上尾《あげお》や所沢《ところざわ》の天地、さらには、三郷《みさと》、戸田の法戦《ほうせん》にも走った。

青春時代からの、私の広宣の思い出のなかには、幾人《いくにん》もの忘《わす》れ得《え》ぬ、尊《とうと》き埼玉の同志が浮《う》かんでくる。

みなの瞳《ひとみ》が、光《ひか》っていた！

みなの心《こころ》が、輝《かがや》いていた！

みなの戦《たたか》いが、深《ふか》く強《つよ》かった！

私と埼玉《さいたま》の同志《どうし》の、共に戦い勝った懐《なつ》かしき歴史《れきし》は、あまりにも深く、生涯《しょうがい》、心より消《き》え去《さ》ることはない。


一九五八年（昭和《しょうわ》三十三年）四月二日は、戸田先生の逝去《せいきょ》の日である。

以来、柱《はしら》が倒《たお》れた学会は、なんとも言えぬ侘《わび》しさに包《つつ》まれ、勢《いきお》いも力《ちから》も衰《おとろ》えていった。梵天《ぼんてん》・帝釈《たいしゃく》も消え、諸天善神《しょてんぜんじん》も去りゆくがごとき、暗闇《くらやみ》の学会に傾《かたむ》いていった。

反《はん》学会の評論家《ひょうろんか》たちの、「学会は空中分解《くうちゅうぶんかい》」「学会は分裂《ぶんれつ》して崩壊《ほうかい》」等々の厳《きび》しい喧騒《けんそう》が渦巻《うずま》いた。広布《こうふ》の隊列《たいれつ》の行進《こうしん》も、過《す》ぎ去ろうとしていた。

そのような憂《うれ》いに沈《しず》み、烈風《れっぷう》の轟《とどろ》くなか、大声《おおごえ》を張《は》り上げて、「早《はや》く第三代の会長を推戴《すいたい》すべきである。学会の首脳《しゅのう》たちは、何をしているのか！　第三代会長の推戴《すいたい》を急《いそ》げ！」と駆《か》けつけたのが、当時の埼玉《さいたま》の青年部であった。

激《はげ》しき嵐《あらし》の環境《かんきょう》のなかで、思い切った、雄々《おお》しき彼らの大胆不敵《だいたんふてき》な叫《さけ》びは、学会の首脳《しゅのう》を動《うご》かした。その旋風《せんぷう》は、日本中に広がった。

いな、その夜明《よあ》けの火と燃《も》える合図《あいず》は、世界中《せかいじゅう》に伝《つた》わった。たそがれゆく暗《くら》き学会に、遂《つい》に、南《みなみ》も北《きた》も、東《ひがし》も西《にし》も、燦々《さんさん》たる太陽の光《ひかり》が昇《のぼ》り始めた。

彼らは叫んだ。

「偉大《いだい》な第三代は、戸田会長以来、明確《めいかく》に決まっているではないか！　早《はや》く、手続きを開始せよ！」

彼らに続いて、誰《だれ》もが、全面的《ぜんめんてき》に納得《なっとく》の行動《こうどう》と雄叫《おたけ》びを放《はな》った。

ある時は東京を動かし、またある時は東京の砦《とりで》となり、大関東《だいかんとう》の中枢《ちゅうすう》になっていた、埼玉の意義《いぎ》は、あまりにも大きかった。

幹部たちは、その青年部の代表に言った。

「たくましき巨人《きょじん》の埼玉が、立ち上がったね！」

青年たちは頼《たの》もしく微笑《ほほえ》み、〝いつでも反逆《はんぎゃく》の徒《と》と戦《たたか》う！〟との熱烈《ねつれつ》たる気迫《きはく》に燃《も》えていた。

第三代に推挙《すいきょ》された私と共に、その戸田会長の心《こころ》を心として、立ち上がる埼玉《さいたま》に対し、私は「鉄桶《てっとう》の埼玉」と称《たた》えた。また、その心豊《ゆた》かに、前途《ぜんと》を切り開いた意義《いぎ》にちなんで、「ロワールの埼玉」と謳《うた》った。

埼玉の勢《いきお》いは、時には、東京を叱咤《しった》し、全国《ぜんこく》を動《うご》かした。

ルネサンスの巨匠《きょしょう》レオナルド・ダ・ヴィンチは言った。

「障害《しょうがい》は私を屈《くっ》せしめない。

あらゆる障害《しょうがい》は奮励努力《ふんれいどりょく》によって打破《だは》される」（杉浦明平訳）

西《にし》の関西、東《ひがし》の埼玉《さいたま》――今や「常勝《じょうしょう》」のスクラムは、厳然《げんぜん》として揺《ゆ》るぎない。関東長《かんとうちょう》の西村貢《にしむらみつぐ》、埼玉の小高敏男《こだかとしお》の、両副会長の名《めい》コンビが、二十一世紀《せいき》への、一段《いちだん》と強《つよ》き、壮大《そうだい》な指揮《しき》をとっていくにちがいない。

偉大《いだい》な埼玉であるがゆえに、愚《おろ》かな嫉妬《しっと》に狂《くる》った、哀《あわ》れな退転者《たいてんしゃ》の姿《すがた》も、見え隠《かく》れするであろう。これが仏法の方程式《ほうていしき》である。

しかし、「鉄桶《てっとう》の埼玉」は、日顕宗《にっけんしゅう》や、卑《いや》しき反逆《はんぎゃく》の連中《れんちゅう》を見下《みくだ》し、大潮《おおしお》がうねり進《すす》むがごとく、「創価ルネサンス」の凱歌《がいか》を響《ひび》かせ、今日《きょう》も勝利《しょうり》と栄光《えいこう》の前進《ぜんしん》を重《かさ》ねている。

私は毎日、全会員の皆様が、御健康《ごけんこう》で御長寿《ごちょうじゅ》の、大福運《だいふくうん》ある人生《じんせい》でありますよう、祈りに祈っている。

――九州《きゅうしゅう》・宮崎《みやざき》にて。

富士仰ぐ　勇者の静岡

大仏法「宗教革命」の天地

一九九九年三月十一日

ある小説家《しょうせつか》によると、天下人《てんかびと》・徳川家康《とくがわいえやす》は、富士《ふじ》の姿《すがた》が見えるところに、必《かなら》ず自身《じしん》の居城《きょじょう》を築《きず》いたという。

きっと彼は、厳粛《げんしゅく》な気持ちで、己《おのれ》自身の戦《たたか》いの完全《かんぜん》な報《むく》いとなるべき天下統一《とういつ》のために、その正確《せいかく》な実現《じつげん》のために、揺《ゆ》るがぬ富士の如《ごと》くあらんことを、人生観《じんせいかん》の一つとしたにちがいない。

また、吉川英治《よしかわえいじ》の『宮本武蔵《みやもとむさし》』に、「あれになろう、これに成《な》ろうと焦心《あせ》るより、富士のように、黙《だま》って、自分を動《うご》かないものに作《つく》りあげろ」という、大変有《ゆう》名《めい》な一節《いっせつ》がある。

日本中の人びとが満々《まんまん》と憧《あこが》れ、古《ふる》くして新《あたら》しき富士《ふじ》を、こよなく愛《あい》することは、必然《ひつぜん》の流《なが》れかもしれない。

富士は、日本の中心の柱《はしら》であるといってよい。

その富士は、我《わ》が静岡《しずおか》の天地《てんち》に実在《じつざい》する。

多くの仲間《なかま》たちが、行《ゆ》き来《き》しながら、富士が見えたか、見えなかったかと、必《かなら》ず語《かた》り合い、思い出とするのである。

不思議《ふしぎ》な宿縁《しゅくえん》と使命《しめい》がある、静岡という国土《こくど》。

遠《とお》くは、日蓮大聖人が伊豆《いず》の伊東《いとう》に流《なが》された、最初の流罪《るざい》の地である。

無名《むめい》の農民信徒《のうみんしんと》が、信仰《しんこう》ゆえに迫害《はくがい》され、その尊《とうと》き生命《せいめい》を永遠《えいえん》のものとした、熱原《あつはら》での法難《ほうなん》も、ここ静岡である。

戦時中《せんじちゅう》、軍部《ぐんぶ》政府《せいふ》の魔手《ましゅ》によりて、牧口先生が逮捕《たいほ》されたのも、静岡の下田《しもだ》であった。

さらに、立宗《りっしゅう》七百年祭の折《おり》、青年部が、牧口先生を獄死《ごくし》に至《いた》らしめた悪侶《あくりょ》を責《せ》めた時には、あろうことか、宗門《しゅうもん》は、戸田先生に断罪《だんざい》の刃《やいば》を向けたのだ。護法《ごほう》の赤誠《せきせい》を尽《つ》くした先生に対する、まったく理不尽《りふじん》な処分《しょぶん》であった。しかも恩師《おんし》は、当《とう》の悪侶の告訴《こくそ》で、静《しず》岡《おか》の吉原署《よしわらしょ》に一晩《ひとばん》、留置《りゅうち》さえされたのである。

宿縁深《しゅくえんふか》き静岡は、「魔競《まきそ》はずは正法と知るべからず」（御書一〇八七ジペー）と の仰《おお》せの通り、「正義《せいぎ》の人」が迫害《はくがい》される法難《ほうなん》の舞台《ぶたい》でもあった。

しかし、「日蓮が難《なん》にあう所ごとに仏土《ぶつど》なるべきか」（御書一一一三ジペー）とは、御本仏《ごほんぶつ》の御《ご》確信《かくしん》であられる。

されば、旭日昇《きょくじつのぼ》りゆく、わが静岡《しずおか》には、大難《だいなん》の荒波《あらなみ》を乗《の》り越《こ》え、断固《だんこ》として正義《せいぎ》を証明《しょうめい》し、勝利《しょうり》と幸福《こうふく》の宝土《ほうど》と輝《かがや》かせゆく使命《しめい》があるのだ。

私が出席《しゅっせき》した、あまりにも懐《なつ》かしき沼津《ぬまづ》の座《ざ》談会《だんかい》は、ちょうど四十五年前（一九五四年＝昭和《しょうわ》二十九年）の弥生《やよい》三月であった。

未来《みらい》を展望《てんぼう》し、「ここは広布《こうふ》の大事《だいじ》な地域《ちいき》」と、若《わか》き友《とも》と語《かた》り合った浜松《はままつ》の集《つど》いも、よく覚《おぼ》えている。妙法流布《るふ》の原動力《げんどうりょく》であり、要《かなめ》である静岡市にも、私は、幾度《いくたび》も足《あし》を運《はこ》んだ。

そしてまた、私が「静岡こそ広布の模範的国土《もはんてきこくど》たれ！」と、万感《ばんかん》の指針《ししん》を贈《おく》ったのは、あの清水《しみず》市の体育館《たいいくかん》での記念撮影《きねんさつえい》であった。

今や極悪《ごくあく》との法戦場《ほうせんじょう》となりし富士宮《ふじのみや》の同志《どうし》も、十二年前に始まった毎月の幹部会が、本年《ほんねん》（九九年）末《まつ》には、通算《つうさん》百五十回という勝利の歴史《れきし》を重《かさ》ねる。

忘《わす》れもしない一九九〇年（平成二年《へいせい》）の九月、静岡《しずおか》の皆様は、青年部を中心として、大石寺開創《たいせきじかいそう》七百年を祝《いわ》う文化祭《ぶんかさい》を行《おこな》ってくださった。炎暑《えんしょ》の盛《さか》りに、皆様が、どれほど労苦《ろうく》の銀《ぎん》の汗《あせ》を流《なが》されたことか！　大成功《だいせいこう》のために、どれほど神経《しんけい》を配《くば》られたことか！

ところが、坊主《ぼうず》たちは、冷酷無残《れいこくむざん》な顔《かお》で、労《ねぎら》いの言葉一つ、感謝《かんしゃ》の声《こえ》一つ、かけようともしなかった。

宗規《しゅうき》の変更《へんこう》を理由《りゆう》として、信徒《しんと》の代表である私を、突如《とつじょ》、総講頭《そうこうとう》から解任《かいにん》したのは、この年の年末《ねんまつ》のことであった。

学会壊滅《かいめつ》を狙《ねら》う、魔性《ましょう》の法主《ほっす》らの謀略《ぼうりゃく》である。

大聖人は仰《おお》せである。

「悪王《あくおう》の正法を破《やぶ》るに邪法《じゃほう》の僧等《そうら》が方人《かたうど》をなして智者《ちしゃ》を失《うしな》はん時は師子王《ししおう》の如《ごと》くなる心《こころ》をもてる者必《ものかなら》ず仏《ほとけ》になるべし」（御書九五七㌻）と。

「極悪《ごくあく》」と戦《たたか》えば、「極善《ごくぜん》」となる。

「極善」をいじめれば、「極悪」となる。

これ、仏法の法理《ほうり》の一つである。この厳《きび》しき法則《ほうそく》を知る、わが静岡《しずおか》の同志《どうし》は、恐《おそ》れなく、毅然《きぜん》として立ち上がった。

われらの「鉄の団結《だんけつ》」は、下劣《げれつ》な仏法破壊《はかい》の策謀《さくぼう》を、一つ、また一つ打ち砕《くだ》き、宗教革命《かくめい》の炎《ほのお》を赤々《あかあか》と燃《も》やし続けた。

そして、われらは断固《だんこ》として勝った！

静岡の偉大《いだい》な同志は、厳然《げんぜん》と勝った！

尊《とうと》き静岡の勇者《ゆうしゃ》は、富士《ふじ》の如《ごと》く、広々と世界《せかい》を友《とも》とし、小《ちい》さな山寺《やまでら》を見下《みお》ろしながら、獅子王《ししおう》の勝利《しょうり》の行進《こうしん》を、三世《さんぜ》にわたって続けていくにちがいない。

創価の勝利の象徴《しょうちょう》、広布《こうふ》の象徴、そして同志の団結の象徴である三色旗《さんしょくき》を、富士が見つめる大空《おおぞら》高く、来る日も来る日も、なびかせていくことであろう！

原点の誇り・栃木

前進！　師の拓《ひら》いた「この道」を

一九九九年三月十三日

「大胆《だいたん》で勇気《ゆうき》のある人は、人間の身に降《ふ》りかかるあらゆることを、見くだし、物《もの》ともしない」（渡辺義雄訳）

これは、古代《こだい》ローマの雄弁家《ゆうべんか》で、世界的《せかいてき》に名高《なだか》いキケロの叫《さけ》びである。

それは、敗戦《はいせん》の翌年《よくねん》――一九四六年（昭和《しょうわ》二十一年）の九月のことである。出獄後《しゅつごくご》の痩《や》せ細《ほそ》った戸田先生は、六人の同志《どうし》とともに、右《みぎ》にも、左《ひだり》にも、山々を眺《なが》めながら、栃木県那須郡《とちぎけんなすぐん》の両郷村《りょうごうむら》（当時）に向かわれた。

この山間《やまあい》の村《むら》で、折伏《しゃくぶく》に立ち上がった一家族《いちかぞく》を励《はげ》まし、彼らが開催《かいさい》した「法華《ほけ》経大講演会《きょうだいこうえんかい》」に出席《しゅっせき》するためである。

狭《せま》い会場に八十人ほどの村人《むらびと》が集《あつ》まったが、今日《こんにち》から見れば、あまりにもささやかな会合であった。しかし、先生の決意《けつい》は、たとえ一人《ひとり》でも、法華経を説《と》けばよいとの信念《しんねん》であられた。

終了後《しゅうりょうご》、この、栃木方面《とちぎほうめん》の大切《たいせつ》な一粒種《ひとつぶだね》である一家族――益子《ましこ》宅《たく》での座談会《ざだんかい》に出席される。ここもまた、少人数《しょうにんずう》であった。

牧口先生は、座談の名人《めいじん》であられた。

戸田先生も、同じく座談の名人であられる。

法華経の教義《きょうぎ》を、わかりやすく教《おし》え、人間の最高の価値《かち》ある道《みち》を教示《きょうじ》し、そしてまた、人生《じんせい》の目的《もくてき》を、わかりやすく語《かた》り続けた。

そこには、楽《たの》しみと真剣《しんけん》さと和気《わき》あいあいたる人間味が漂《ただよ》っていた。

歓談《かんだん》が終《お》わると、先生は、自《みずか》ら指揮《しき》をとられ、「花《はな》が一夜《いちや》に　散《ち》るごとく……」の学会歌を、皆で歌われた。

これが、偽《いつわ》りと愚昧《ぐまい》に酔《よ》い、濁《にご》った時代からの闇《やみ》を破《やぶ》り、怒《いか》りの叫《さけ》びを乗《の》り越《こ》えて、新《あたら》しき太陽が心地《ここち》よく、荘《そう》厳《ごん》に昇《のぼ》り始めた新時代の開幕《かいまく》である。

つまり、戦後《せんご》初《はじ》めての地《ち》方折伏《ほうしゃくぶく》の第一《だいいっ》歩《ぽ》である。

ここから、地方での最初の広宣流布《こうせんるふ》の法戦《ほうせん》が開かれたことは、有名《ゆうめい》な事実《じじつ》である。

ともあれ、新世紀《しんせいき》をめざしての広宣流布の道《みち》は、栃木《とちぎ》から始動《しどう》したといってよい。

その栃木の光明《こうみょう》と、平和《へいわ》の原点《げんてん》の意《い》義《ぎ》は、学会の歴史《れきし》とともに、永遠《えいえん》に刻《きざ》まれゆくだろう。

一九五一年（昭和《しょうわ》二十六年）の五月、わが師《し》が、第二代会長に就任《しゅうにん》された三週間《さんしゅうかん》後《ご》、私も満《まん》を持《じ》して、初《はじ》めての地方折伏《ちほうしゃくぶく》に飛《と》び出した。

緑《みどり》光《ひか》る山河《さんが》を思い、胸《むね》の躍《おど》る感慨《かんがい》のゆえか、私は、出発《しゅっぱつ》の前夜《ぜんや》には、日記《にっき》にこう書いている。

「……吾人《ごじん》の、地方闘争《とうそう》への初陣《ういじん》である。嬉《うれ》しき哉《かな》」

それが栃木方面《とちぎほうめん》であった。私も、恩師《おんし》と同じく、民衆《みんしゅう》の大地《だいち》・栃木から、新《あたら》しき広宣《こうせん》の火蓋《ひぶた》を切ったのである。この時、私は、今の小山市《おやまし》にある古刹《こさつ》・浄圓寺《じょうえんじ》を訪《たず》ね、当時の住職《じゅうしょく》に面談《めんだん》した。

そのころ、戸田先生の英断《えいだん》により、宗教法人《ほうじん》「創価学会」の設立《せつりつ》の準備《じゅんび》が進《すす》められていた。ところが、「出家《しゅっけ》が上・在家《ざいけ》は下」という、抜き難《がた》い差《さ》別《べつ》意識《いしき》のゆえか、広布《こうふ》の時の来《きた》るを知らざるゆえか、宗門《しゅうもん》の僧侶《そうりょ》のなかには、学会が独自《どくじ》の宗教法人を設立することに反対《はんたい》する輩《やから》が、あまりにも多くいた。

私は、浄圓寺《じょうえんじ》の住職《じゅうしょく》が、ある反対派《はんたいは》の高僧《こうそう》とつながりが深《ふか》いことを聞いていた。その住職と、私は、創価学会の使命《しめい》、戸田先生の決意《けつい》、大聖人の大目的《だいもくてき》等を、静《しず》かに、また力強《ちからづよ》く、語《かた》りあっていった。

縁《えにし》深《ふか》き、その僧は、明快《めいかい》に理解《りかい》していったようだ。

やがて、日顕宗《にっけんしゅう》が残酷《ざんこく》な狂気《きょうき》と化《か》したなかで、この浄圓寺（現在《げんざい》は成田《なりた》宣道《せんどう》住職）の存在《そんざい》は、不思議《ふしぎ》な使命を帯《お》びて、広布《こうふ》のために輝《かがや》き残《のこ》っていった。

今、日寛上人《にちかんしょうにん》が書写《しょしゃ》された浄圓寺所蔵《しょぞう》の御《お》本尊が、御形木《かたぎ》御本尊として、全世《ぜんせ》界《かい》の学会員に授与《じゅよ》されている。

わが栃木《とちぎ》に、栄光《えいこう》の支部旗が翻《ひるがえ》ったのは、一九六一年（昭和《しょうわ》三十六年）の寒《さむ》き一月であった。あの宇都宮《うつのみや》支部の結成式《けっせいしき》である。

ところが、晴《は》れの式典《しきてん》を前に、夜来《やらい》の厳《きび》しい冷《ひ》え込《こ》みで、会場前の広場《ひろば》が、ツルツルに凍結《とうけつ》してしまったのである。

急遽《きゅうきょ》、会場の準備《じゅんび》にあたっていた男子部が、氷《こおり》の除去作業《じょきょさぎょう》に取り組《く》んでくれた。氷《こおり》を叩《たた》き割《わ》る人がいた。火でとかそうとする人もいた。

悪戦苦闘《あくせんくとう》の作業《さぎょう》が終《お》わった時には、夜が明《あ》けていた。

その方々《かたがた》の光《ひかり》の真心《まごころ》は、一生《いっしょう》、私の心《こころ》から離《はな》れることはない。

――彼らの広布《こうふ》の戦《たたか》いも、不信《ふしん》や無理解《むりかい》の氷壁《ひょうへき》を破《やぶ》るがごとき、真剣《しんけん》にして懸《けん》命《めい》なる行動《こうどう》であったにちがいない。

しかし、友情《ゆうじょう》の炎《ほのお》をもって、とかせぬ氷はない。

大誠実《だいせいじつ》の熱《ねつ》をもって、暖《あたた》められぬ心の部屋《へや》もない。

ともあれ、裏方《うらかた》の労苦《ろうく》を誇《ほこ》りとして、黙々《もくもく》と働《はたら》く皆様の健康《けんこう》と栄光《えいこう》を、私は、合掌《がっしょう》する思いで祈っている。

私は、この誓《ちか》いの完遂《かんすい》を決意《けつい》している栃木《とちぎ》の天地《てんち》の新出発《しんしゅっぱつ》に、馳《は》せ参《さん》じた。

初《はじ》めてのアジア訪問《ほうもん》の十日前である。栃木の皆様方は、私のアジア広布の旅立《たびだ》ちに、大拍手《だいはくしゅ》をもって祝福《しゅくふく》してくださった。

思えば、学会歌「世界《せかい》広布の歌」も、原案《げんあん》は、栃木の足利《あしかが》市と群馬《ぐんま》の太田《おおた》市を活動《かつどう》の舞台《ぶたい》にしていた、男子部の有志《ゆうし》の作成《さくせい》である。じつに、栃木にゆかりの深《ふか》い名歌《めいか》なのである。

真剣《しんけん》な多くの栃木《とちぎ》の尊《とうと》き同志《どうし》の名前は、数多《かずおお》く、私の胸《むね》に残《のこ》っている。いな、大聖人が御照覧《ごしょうらん》のことと思う。

ある時は、楽天家《らくてんか》のごとく、歌を歌い！

ある時は、芸術家《げいじゅつか》のごとく、花《はな》の絵《え》を描《か》き、舞台《ぶたい》に舞《ま》う！

ある時は、殉教《じゅんきょう》の決意《けつい》で、広宣流布《こうせんるふ》を開きゆく！

誠実《せいじつ》なる栃木の尊き同志の方々《かたがた》に、栄光《えいこう》あれ、長寿《ちょうじゅ》あれ、勝利《しょうり》あれと、心《こころ》から祈りたい。

新世紀の黎明・千葉

誉《ほま》れの門下よ　一生を勝利で飾《かざ》れ

一九九九年三月三十日

春光《しゅんこう》とともに、不滅《ふめつ》の四月二日がやってくる。
我らにとって、忘《わす》れ得《え》ぬ師弟《してい》の誓《ちか》いのその日がやってくる。

妙法に包《つつ》まれた一家《いっか》！
蓮華《れんげ》に包まれた一家！
「冬《ふゆ》は必《かなら》ず春《はる》となる」とは、天然《てんねん》の法理《ほうり》である。
難《なん》を忍《しの》んで打ち勝ち、永遠《えいえん》の幸福《こうふく》を築《きず》くのが、仏法であり、信心である。

一九五九年（昭和三十四年《しょうわ》）の四月――。

それは恩師《おんし》が逝《ゆ》いて、初《はじ》めて迎《むか》える桜《さくら》の季節《きせつ》であった。

私は、千葉《ちば》へ、広宣流布《こうせんるふ》の転戦《てんせん》を進《すす》めた。

千葉市中央区《ちゅうおうく》（現在《げんざい》）の教育《きょういく》会館での会合へ向かう途中《とちゅう》、幕張《まくはり》の海岸《かいがん》で、懐《なつ》かしい海苔《のり》の養殖場《ようしょくば》の光景《こうけい》が、目にとまった。私は、同行《どうこう》の青年に語《かた》った。

「海苔は、手が凍《こお》りつくような冷《つめ》たい海水《かいすい》の中《なか》で育《そだ》つ。水《みず》が冷たければ、冷たいほど、芳《かんば》しい海苔となる。人材《じんざい》の育成《いくせい》もまた、方程式《ほうていしき》は、それと同じではないだろうか」と。

大聖人は仰《おお》せである。

「日蓮は安房《あわ》の国・東条片海《とうじょうかたうみ》の石中《いそなか》の賤民《せんみん》が子なり威徳《いとく》なく有徳《うとく》のものにあらず」（御書八八三ジペー）――千葉の天地《てんち》の貧《まず》しき無名《むめい》の庶民《しょみん》であることを、大聖人は、最大の誇《ほこ》りとされた。

この千葉《ちば》の地で、二千年前の蓮華《れんげ》の種《たね》が発掘《はっくつ》されたのは、戸田先生が第二代会長に就任《しゅうにん》した一九五一年（昭和《しょうわ》二十六年）のことであった。

この有名《ゆうめい》な大賀《おおが》ハスが、立宗《りっしゅう》七百年にあたる翌年《よくねん》、見事《みごと》に開花《かいか》した。

戸田先生は、これぞ、蓮華の法《ほう》である日蓮仏法が大興隆《だいこうりゅう》しゆく瑞相《ずいそう》なりと、それはそれは喜《よろこ》んでおられた。

一説《いっせつ》には、「千葉」という名前それ自体《じたい》が、「千葉《せんよう》の蓮華」に由来《ゆらい》するといわれる。また古文書《こもんじょ》には、「池田の池とて清浄《せいじょう》の池あり。此《こ》の池に蓮《はす》の花《はな》　千葉に咲《さ》けり」等と記《しる》されていた。

蓮華といえば、茂原《もばら》の同志《どうし》が、すばらしい蓮華の花を届《とど》けてくださっている。

ある時は、私は、真心《まごころ》に感謝《かんしゃ》しつつ、即座《そくざ》に詠《よ》んだ。

荘厳《そうごん》な　蓮華の姿《すがた》の　偉大《いだい》さは
　皆さま方《がた》の　当体義抄《とうたいぎしょう》か

時移《うつ》り、一九九一年（平成《へいせい》三年）の十一月——。

〝衣《ころも》の権威《けんい》〟で信徒《しんと》の奴隷化《どれいか》を狙《ねら》う、魔性《ましょう》の日顕宗《にっけんしゅう》との戦《たたか》いが始まってから、学会は、最初の創立記念日《そうりつきねんび》を迎《むか》えようとしていた。

「創価ルネサンス」の開幕《かいまく》となった、この新《あたら》しき創立の日を祝賀《しゅくが》してくださった方々《かたがた》こそ、わが千葉《ちば》の友《とも》であった。

十一月十六日。千葉市の千葉ポートアリーナで、六千五百人の青年が文化《ぶんか》友好祭《ゆうこうさい》を開催《かいさい》したのである。多くの来《らい》賓《ひん》を迎え、絢爛《けんらん》たる乱舞《らんぶ》を、千葉の同《どう》志《し》は、歌い舞《ま》った。

宗門《しゅうもん》から学会に解散勧告書《かいさんかんこくしょ》が送《おく》りつけられてきたのは、この一週間《いっしゅうかん》前のことである。もとより学会は独立《どくりつ》した宗教法人《ほうじん》であり、全《まった》く無意味《むいみ》な通知《つうち》であった。また、社会の常識《じょうしき》からかけ離《はな》れた、勧告書の内容《ないよう》は、物笑《ものわら》いになっただけであった。

ともあれ、解散勧告の直後《ちょくご》ということもあり、学会の動向《どうこう》は注目《ちゅうもく》を集《あつ》め、この千葉《ちば》の文化《ぶんか》友好祭《ゆうこうさい》には、多数《たすう》の報道《ほうどう》関係者も取材《しゅざい》に来ていた。

その注視《ちゅうし》のなか、青年の熱《ねつ》と力《ちから》は、厳然《げんぜん》たる学会の勝利《しょうり》と正義《せいぎ》を、堂々《どうどう》と示《しめ》しきったのである。多くの来賓方《らいひんがた》が、心《こころ》から驚《おどろ》かれていたようだ。

十九世紀《せいき》のドイツ最大の、革命《かくめい》とロマンの詩人《しじん》・ハイネは言った。

「ぼくは革命の子だ」

「ぼくは全身《ぜんしん》、よろこびと歌、全身、剣《つるぎ》と焔《ほのお》だ！」（井上正蔵訳）

ある仏教学者《がくしゃ》が、言っていた。〝どうして、日顕宗《にっけんしゅう》は狂乱坊主《きょうらんぼうず》の集団《しゅうだん》になってしまったのか。供養《くよう》を取るだけ取って、大功労者《だいこうろうしゃ》である学会を、一片《いっぺん》の通知だけで切り離《はな》すとは、何たる狂気《きょうき》の沙汰《さた》か〟と。

しかし、学会は強《つよ》かった。微《び》動《どう》だにせぬ不《ふ》動《どう》の姿《すがた》に、日本中の宗教界は驚《おどろ》いた。
なぜ、宗門《しゅうもん》は狂《くる》ったか。
法華経《ほけきょう》に照《て》らし、御聖訓《ごせいくん》に照らすならば――
「我慢偏執《がまんへんしゅう》」であるが故《ゆえ》に、
「軽善憎善《きょうぜんぞうぜん》」であるが故に、
「嫉善恨善《しつぜんこんぜん》」であるが故に、
「悪人親近《あくにんしんごん》」であるが故に、
「邪智諂曲《じゃちてんごく》」であるが故に、宗門は、瓦解《がかい》した。
それに対し、
「如説修行《にょせつしゅぎょう》」であるが故に、
「法華折伏《ほっけしゃくぶく》」であるが故に、
「破邪顕正《はじゃけんしょう》」であるが故に、
「死身弘法《ししんぐほう》」であるが故に、
「当如敬仏《とうにょきょうぶつ》」であるが故に、学会は大発展《だいはってん》を続けている。

私と千葉《ちば》の皆様の思い出は、限《かぎ》りない。

わが青年部と共に、銚子《ちょうし》や富津《ふっつ》で語《かた》り合ったこと。また千葉の広宣流布《こうせんるふ》の草創《そうそう》時代から、浦安《うらやす》や佐原《さわら》に走《はし》り、船橋《ふなばし》や市原《いちはら》に駆《か》けたこと。そして、市川《いちかわ》、松戸《まつど》、柏《かしわ》、野田《のだ》、佐倉《さくら》、勝浦《かつうら》、天津小湊《あまつこみなと》、大原《おおはら》等の同志《どうし》と語り合ったことも、懐《なつ》かしい。さらに、成田《なりた》は、世界《せかい》への飛翔《ひしょう》の窓口《まどぐち》である。

今、館山《たてやま》には、〝菜《な》の花《はな》〟に包《つつ》まれた、王者《おうじゃ》の千葉研修道場《けんしゅうどうじょう》も完成《かんせい》した。千葉の舞台《ぶたい》は、いつも何かが躍《おど》り出るが如《ごと》く、賑《にぎ》やかである。永遠《えいえん》に、新鮮《しんせん》な旭日《きょくじつ》の昇《のぼ》る勢《いきお》いが感じられる。

末法《まっぽう》の御本仏《ごほんぶつ》・日蓮大聖人が、東天《とうてん》に向かいて、大宇宙《だいうちゅう》に南無妙法蓮華経の宣《せん》言《げん》をなされた御姿《おすがた》と魂《たましい》を、断《だん》じて忘《わす》れてはならない。千葉の同志は、大聖人の直《ちょっ》結《けつ》の門下《もんか》の誉《ほま》れと魂を受持《じゅじ》して、この誇《ほこ》り高き一生《いっしょう》を飾《かざ》り、三世《さんぜ》にわたる栄光《えいこう》を胸《むね》に抱《いだ》きながら、前進《ぜんしん》されんことを祈りたい。

文化と哲学の山梨

清新の宝土《ほうど》に　正義の光あれ

一九九九年五月二十九日

山梨《やまなし》の「協調《きょうちょう》」と「前進《ぜんしん》」は、目覚《めざ》ましい。

人間は、「目標《もくひょう》」と「張《は》り合い」と「信頼《しんらい》」が連動《れんどう》すると、巨大《きょだい》な力《ちから》を発揮《はっき》するのである。

山梨の広布《こうふ》の牙城《がじょう》は、生き生きとしている。今、固《かた》い岩盤《がんばん》を割《わ》って、新《あたら》しき二十一世紀《せいき》へ、みずみずしい潮流《ちょうりゅう》が流《なが》れ始めた感じを抱《いだ》くのは、私一人《ひとり》ではないだろう。

山梨は立ち上がった！　全員《ぜんいん》が「勝利《しょうり》」と「満足《まんぞく》」のために立ち上がった！

中国《ちゅうごく》の著名《ちょめい》な文学者《ぶんがくしゃ》である、郭沫若《かくまつじゃく》氏は述《の》べている。

「一人《ひとり》の人間にとって最《もっと》も悲《かな》しむべきことは、良心《りょうしん》の死滅《しめつ》にほかならず、一つの社会にとって最も悲しむべき現象《げんしょう》は、正義《せいぎ》の滅亡《めつぼう》にほかならない」

全《まった》くその通りだ。

郭先生は、戦前《せんぜん》は長年《ながねん》、日本に滞在《たいざい》し、戦中《せんちゅう》は祖国《そこく》で抗日運動《こうにちうんどう》に挺身《ていしん》。さらに戦後《せんご》は中日友好協会《ちゅうにちゆうこうきょうかい》の名誉会長として、両国《りょうこく》の友誼《ゆうぎ》のために尽力《じんりょく》された。いわば、日本を愛《あい》し、日本の国家主義《こっかしゅぎ》と戦《たたか》った、先人《せんじん》の警鐘《けいしょう》とも思えてならない。

わが山梨《やまなし》が、涙《なみだ》に濡《ぬ》れながら立ち上がり、広布《こうふ》の正義の輝《かがや》く支部旗を、郷土《きょうど》の空《そら》高く掲《かか》げたのは、私の会長就任《しゅうにん》から半年後《はんとしご》のことである。

一九六〇年（昭和三十五年《しょうわ》）の十一月、私は、その結成大会《けっせいたいかい》に馳《は》せ参《さん》じた。

「広布は甲府《こうふ》から！」――山梨県民会館《けんみん》を埋《うず》め、希望《きぼう》の旅立《たびだ》ちを喜《よろこ》び迎《むか》えゆく、甲府支部四千名の、連帯《れんたい》の同志《どうし》の意気《いき》は高かった。

私が、アメリカのケネディ大統領《だいとうりょう》の誕生《たんじょう》を知ったのも、その時に宿泊《しゅくはく》した小《ち》さ

な旅館《りよかん》の中《なか》であった。

新時代の到来《とうらい》を告《つ》げる、四十三歳の若《わか》きリーダーの登場《とうじよう》である。私の心臓《しんぞう》の鼓動《こどう》も、早鐘《はやがね》のごとく鳴《な》り始めた。

自由の国の、政治《せいじ》の王者《おうじや》の意志《いし》と、仏法の信仰者《しんこうしや》の、屈《くつ》することなき意志が、深《ふか》い法則《ほうそく》のもとに響《ひび》き合うのが感じられてならなかった。

山梨《やまなし》は、日蓮大聖人の宿縁《しゆくえん》深き世界《せかい》である。

大聖人は、この地で、末法万年《まつぽうまんねん》への広宣流布《こうせんるふ》の楔《くさび》を打たれ、無数《むすう》の法戦《ほうせん》の呼吸《こきゆう》を残《のこ》しながら、人材育成《じんざいいくせい》に精魂《せいこん》を傾《かたむ》けられた。

そして、蓮祖《れんそ》に「常随給仕《じょうずいきゅうじ》」された、日興上人《にっこうしょうにん》の生誕《せいたん》の天地《てんち》でもある。その常随給仕のお姿《すがた》について、「百六箇抄《ひゃくろつかしょう》」の付文《ふもん》にこう記《しる》されている。

——日興上人は、蓮祖の伊豆《いず》・佐渡《さど》の御流罪《ごるざい》の時はもとより、その他《ほか》の諸難《しょなん》の折節《おりふし》にも、常《つね》に先陣《せんじん》を駆《か》け、あたかも影《かげ》の形《かたち》に従《したが》うがごとく、蓮祖に従ってこられた。その師弟一体《していいったい》の姿を誰《だれ》が疑《うたが》うであろうか、と（御書八六九ジペー、趣意）。

たとえば、伊豆では、真《ま》っ先《さき》に師のもとに馳《は》せ参《さん》じ、炊事《すいじ》等の労《ろう》をとりながら、寸暇《すんか》を惜《お》しんで、折伏《しゃくぶく》・弘教《ぐきょう》に奔走《ほんそう》されたと伝《つた》えられている。日興上人が十六、七歳頃のことである。

いわば、師匠《ししょう》が一番大変な時に、決然《けつぜん》と志願《しがん》し、先陣《せんじん》を切って戦《たたか》ってこそ、真《しん》の弟子《でし》たる資格《しかく》があるといえよう。

ここに、真実《しんじつ》の「常随給仕の精神《せいしん》」があるといえまいか。日興上人が、「日興第一の弟子」と称《たた》えられた六人もまた、蓮祖の御入滅《ごにゅうめつ》のあと、「身命《しんみょう》を惜《お》しまず」、法戦《ほうせん》に立ち上がった門下《もんか》であったことを忘《わす》れてはならない。

一方《いっぽう》、師匠《ししょう》の大恩《だいおん》を報《ほう》ずるどころか、ずる賢《がしこ》く、臆病《おくびょう》にも「天台沙門《てんだいしゃもん》」を名《な》乗《の》り、邪義《じゃぎ》に染《そ》まっていったのが、五老僧《ごろうそう》である。

この師敵対《してきたい》の極悪《ごくあく》と戦《たたか》わなければ、「師の真実《しんじつ》」が隠没《おんもつ》してしまう。「師の正《せい》義《ぎ》」が汚辱《おじょく》にまみれてしまう。ゆえに日興上人《にっこうしょうにん》は、五老僧を許《ゆる》されなかった。鬼《き》神《じん》も哭《な》き、阿修羅《あしゅら》も震《ふる》えるがごとく、反逆《はんぎゃく》の輩《やから》を呵責《かしゃく》された。

この日興上人の御精神《ごせいしん》を受け継《つ》いでいるのは、わが創価学会だけであり、天《てん》魔《ま》・日顕宗《にっけんしゅう》は、腐敗《ふはい》しきった〝五老僧の末流《まつりゅう》〟であることを、厳然《げんぜん》と宣言《せんげん》しておきたい。

「功徳《くどく》」について、「御義口伝《おんぎくでん》」に、「悪《あく》を滅《めつ》するを功《く》」「善《ぜん》を生《しょう》ずるを徳《とく》」（御書七六二ページ）と仰《おお》せである。悪を滅するから、善が生じる。悪を責《せ》めることから、自身《じしん》の生命《せいめい》の罪《つみ》も滅し、福徳《ふくとく》が生まれる。今、徹《てっ》して極悪と戦う山梨《やまなし》の同志《どうし》が、爛漫《らんまん》たる幸福《こうふく》の花《はな》に包《つつ》まれゆくことは、御聖訓《ごせいくん》に照《て》らして、絶対《ぜったい》に間違《まちが》いない。

山梨が誇《ほこ》る、「正義と哲学《てつがく》の要塞《ようさい》」たる教学研修《きょうがくけんしゅう》センターの意義《いぎ》も、じつに大きいのである。

大聖人は、弘安《こうあん》五年（一二八二年）の秋《あき》、八年余《よ》を過《す》ごされた身延《みのぶ》を発《た》ち、御《ご》入滅《にゅうめつ》の地となる池上《いけがみ》へと、歩《あゆ》みを運《はこ》ばれた。

その時、河口湖《かわぐちこ》の湖辺《こへん》を通られたことは有名《ゆうめい》である。

一九五五年（昭和《しょうわ》三十年）の六月、戸田城聖《じょうせい》は、この蓮祖《れんそ》ゆかりの河口湖、さらに山中湖《やまなかこ》で、いつも新《あたら》しき、永遠《えいえん》の創造《そうぞう》の輝《かがや》きに包《つつ》まれながら、八十余名《よめい》の弟《で》子《し》の育成《いくせい》に汗《あせ》を流《なが》した。それは、恩師《おんし》の、最後の野外訓練《やがいくんれん》となった。

ともあれ、朝《あさ》な夕《ゆう》な王者《おうじゃ》の富士《ふじ》を仰《あお》ぐ山梨《やまなし》の天地《てんち》には、正義《せいぎ》の闘争《とうそう》の誇《ほこ》りがあり、人材錬磨《じんざいれんま》の不滅《ふめつ》の伝統《でんとう》がある。

山梨研修道場《けんしゅうどうじょう》が、思い出深《ふか》き山中湖畔《こはん》に完成《かんせい》したのは、傲慢《ごうまん》な〝衣《ころも》の権威《けんい》〟の名《な》のもとに、迫害《はくがい》の嵐《あらし》が吹《ふ》き荒《あ》れていた創立《そうりつ》五十周年（一九八〇年）の秋であった。

翌年《よくねん》（八一年）の夏《なつ》、この道場で開催《かいさい》された、民衆《みんしゅう》の勝鬨《かちどき》響《ひび》く野外文化集会《ぶんかしゅうかい》は、自由な魂《たましい》の勝利《しょうり》であった。自由な翼《つばさ》の世界《せかい》へ飛《と》びゆく瞬間《しゅんかん》であった。

「世界《せかい》には二つの力《ちから》しかない。『剣《けん》』と『精神《せいしん》』の力である。そして最後は『精神』が必《かなら》ず『剣』に打ち勝つ」とは、英雄《えいゆう》・ナポレオンの言《げん》である。

今、人類《じんるい》の進歩《しんぽ》に逆行《ぎゃっこう》するがごとき、危険《きけん》な国家主義《こっかしゅぎ》の台頭《たいとう》を憂慮《ゆうりょ》する声《こえ》は高い。だからこそ、精神の力、文化《ぶんか》と哲学《てつがく》の「ソフト・パワー」をもって、民衆《みんしゅう》が傲慢《ごうまん》なる権力《けんりょく》を包囲《ほうい》することが、いよいよ大事《だいじ》になってきた。

かつて、私は「文化の山梨《やまなし》たれ！」と期待《きたい》を寄《よ》せた。

文化とは、生きる喜《よろこ》びだ。

人間性の勝利《しょうり》だ。権力の鎖《くさり》を断《た》ち切る、人間解放《かいほう》の歌声《うたごえ》だ。

清新《せいしん》なる「ニュー山梨」の、わが友《とも》よ！

絢爛《けんらん》たる「文化の城《しろ》」「平和《へいわ》の要塞《ようさい》」を、わが郷土《きょうど》に築《きず》いてくれ給《たま》え。新《あたら》しき時代と世紀《せいき》の旗《はた》は、君たちの手に握《にぎ》られ、君たちの生命《せいめい》に輝《かがや》いているからだ。

昇りゆく太陽・茨城

永遠の幸福へ 今世《こんぜ》を勝ち抜け

一九九九年八月二十七日

哲人《てつじん》・ソクラテスは、彼を亡《な》き者《もの》にせんとする黒《くろ》い謀略《ぼうりゃく》の嵐《あらし》を前にして、こう厳然《げんぜん》と語《かた》った。

「いずれにしても私は、決《けっ》して私の行動《こうどう》を変えないであろう、たとい幾度《いくど》死《し》の運命《うんめい》に脅《おびや》かされるにしても」(プラトン『ソクラテスの弁明《べんめい》』、久保勉訳)

我《われ》、永遠《えいえん》に戦《たたか》うとの、魂《たましい》の王者《おうじゃ》の言《げん》である。

今、戦ったぶんだけ、自分自身《じしん》が最高の福徳《ふくとく》を得《え》る。また、永遠に成仏《じょうぶつ》という最極《さいごく》の大境涯《だいきょうがい》を開いていける。

今世《こんぜ》の戦《たたか》いによって、自分自《じ》身《しん》が「仏《ほとけ》の寿命《じゅみょう》」「仏の永遠《えいえん》の生命《せいめい》」を得《え》る。永遠に幸福《こうふく》になっていくのである。これが法華経《ほけきょう》の寿量品《じゅりょうほん》の心《こころ》である。

御書には、「設《たと》ひ・いかなる・わづら《煩》はしき事《こと》ありとも夢《ゆめ》になして只《ただ》法華経の事のみさは《思索》ぐらせ給《たま》うべし」（一〇八八ページ）とある。

いかなる煩《わずら》わしいことがあっても、「深《ふか》く強《つよ》い信心」を貫《つらぬ》き通すことである。

その具《ぐ》体的《たいてき》な方途《ほうと》は、どこまでも広宣流布《こうせんるふ》を中心にした、「信行《しんぎょう》」の一念《いちねん》を定《さだ》めることである。ここに、まばゆいばかりの偉大《いだい》な世界《せかい》の境涯が、豁然《かつぜん》と開かれていくというのである。

あたかも、イギリスの詩人《しじん》・バイロンが、一詩集《いちししゅう》によって、一躍《いちやく》、世の脚光《きゃっこう》を浴《あ》び、「一朝《いっちょう》、目覚《めざ》めれば、天下《てんか》の大詩人」とつづったように――。

戦時中《せんじちゅう》のある日、私は、上野《うえの》から蒸気機関車《じょうききかんしゃ》に乗《の》って、茨城《いばらき》の土浦《つちうら》まで一人旅《ひとりたび》をしたことがある。

海軍航空隊《かいぐんこうくうたい》の予科練《よかれん》（海軍飛行予科練習生《ひこうよかれんしゅうせい》）になっていた先輩《せんぱい》を訪《たず》ねたのである。予科練は、当時の少年《しょうねん》たちの憧《あこが》れであった。しかし、この先輩の口《くち》から飛《と》び出したのは、私の予想《よそう》と全《まった》く違《ちが》う言葉であった。

「身体《からだ》の弱《よわ》い君は、絶対《ぜったい》に志願《しがん》なぞ、止《や》めたほうがいい。ここは話《はなし》で聞くような、いい所じゃないぞ……」

その言葉には、戦死《せんし》した私の長兄《ちょうけい》が、「戦争《せんそう》は美談《びだん》なんかじゃないぞ！」と語《かた》った口調《くちょう》と、同じ響《ひび》きがあった。

今も私は、世界《せかい》の平和《へいわ》のために奔走《ほんそう》するなかで、あの日の、真実《しんじつ》の心《こころ》の奥底《おくそこ》からわき起《お》こった、葛藤《かっとう》の語らいを思い出すのである。

この戦時下《せんじか》の一九四二年（昭和《しょうわ》十七年）二月、牧口先生は、茨城《いばらき》・下妻在住《しもつまざいじゅう》の会員宅を訪問《ほうもん》し、病床《びょうしょう》にあった七歳のお子さんを見舞《みま》われたという。

先生が軍部《ぐんぶ》政府《せいふ》の弾圧《だんあつ》で投獄《とうごく》される前年のことであった。

当時の日本は、前途《ぜんと》ある青年を次々に戦地《せんち》に送《おく》り出し、国家《こっか》のために生命《せいめい》を捨《す》

てることを強制《きょうせい》していったのである。

そのような時代に、先生は、〝未来《みらい》を担《にな》うべき少年《しょうねん》が、病気《びょうき》で苦《くる》しんでいる。なんとしても救《すく》ってあげたい！〟と、七十歳の老軀《ろうく》を運《はこ》ばれ、真剣《しんけん》に激励《げきれい》されたのである。

水戸《みと》の偕楽園《かいらくえん》の梅《うめ》が満開《まんかい》に咲《さ》き香《かお》る季節《きせつ》は近《ちか》づいていたが、まだまだ寒《さむ》かった。

一九八二年（昭和《しょうわ》五十七年）の二月七日、私は、牧口先生と同じ決心《けっしん》で、寒風《かんぷう》のなか、茨城《いばらき》の同志《どうし》のもとへ走《はし》った。

少々《しょうしょう》、風邪《かぜ》気味《ぎみ》の体《からだ》は熱《ねつ》っぽかったが、一夜《いちや》明《あ》けると、すっかり楽《らく》になり、同志《どうし》の題目《だいもく》を感じてならなかった。

私は、完成間《かんせいま》もない、水戸《みと》の茨城《いばらき》文化会館に本陣《ほんじん》を置《お》いて、北《きた》は日立《ひたち》、東《ひがし》は鹿嶋《かしま》、南《みなみ》は土浦《つちうら》へと、広宣流布《こうせんるふ》の大波《おおなみ》を起《お》こす決意《けつい》で、正義《せいぎ》の軍艦《ぐんかん》のごとく動《うご》きに動いた。

その日立も、鹿嶋も、また、土浦方面《ほうめん》の竜ケ崎《りゅうがさき》、谷田部《やたべ》などでも、邪僧《じゃそう》が正義面《づら》して、仏意仏勅《ぶついぶっちょく》の学会に泥《どろ》をかぶせ、唾《つば》を吐《は》いていた。可憐《かれん》な花《はな》のごとく、清《きよ》らかな魂《たましい》の同志は、こんな悪逆非道《あくぎゃくひどう》はない、これが正《ただ》しき仏法を守る坊主《ぼうず》であるはずがないと、悔《くや》し涙《なみだ》をのんで、耐《た》えに耐えてきたのだ。

仏法の世界《せかい》にあるまじき、この悔しさは、当時の同志たちの心からは、永遠《えいえん》に消《き》え去《さ》ることは絶対《ぜったい》にない。

いかなる嫉妬《しっと》と中傷《ちゅうしょう》の矢《や》も、太陽を射《い》ることはできない。威風堂々《いふうどうどう》、太平洋《たいへいよう》に昇《のぼ》りゆく太陽のごとく、正義の旭日《きょくじつ》が昇れば、邪悪《じゃあく》の闇《やみ》は破《やぶ》れる。

私は、あの地でも、この地でも、雄々《おお》しき戦闘《せんとう》を勝ち取ってゆく、わが広布《こうふ》の同志《どうし》の頭上《ずじょう》に、勝者《しょうしゃ》の月桂冠《げっけいかん》を載《の》せながら、戦《たたか》い抜いた。

その間《かん》、わが師《し》である戸田先生のご生誕《せいたん》の日（八二年二月十一日）も、茨城《いばらき》で迎《むか》えた。先生の年齢《ねんれい》と同じ、八十二個《こ》の鉢植《はちう》えの梅《うめ》が、寿《ことほ》ぐように香《かお》っていた。

この日、二十一世紀《せいき》を託《たく》しゆく男女青年部、三千五百名による、「茨城二〇〇〇年会」が結成《けっせい》された。

若《わか》き勝鬨《かちどき》の声《こえ》は、今でもこだまして聞こえるようだ。

以来十七星霜《せいそう》。この時の青年部から、総県《そうけん》幹部、分県《ぶんけん》の県長・県婦人部長など、現在《げんざい》の指導者たちが続々《ぞくぞく》と誕生《たんじょう》した。

茨城広布《こうふ》の勝利《しょうり》と栄冠《えいかん》は、今や眼前《がんぜん》に、栄光輝《えいこうかがや》く陣列《じんれつ》として、勢揃《せいぞろ》いしていく思いがしてならない。

明春《みょうしゅん》には、いよいよ、七会村《ななかいむら》に「ひたち平和記念墓地公園《へいわきねんぼちこうえん》」も開園《かいえん》する。

常陸《ひたち》の国・茨城は、遥《はる》かな古人《こじん》が、不老長寿《ふろうちょうじゅ》の「常世《とこよ》の国」と憧《あこが》れた夢《ゆめ》の国でもある！

そして また、御入滅《ごにゅうめつ》を間近《まぢか》にされた大聖人が、最後の旅《たび》の目的地《もくてきち》として「常陸《ひたち》の湯《ゆ》」を挙《あ》げられたごとく、太陽の仏法に有縁《うえん》の、永遠《えいえん》に太陽が昇《のぼ》りゆく「日《ひ》立《たち》」という不思議《ふしぎ》なる国である！

さらにまた、真実《しんじつ》の大白法《だいびゃくほう》の大道《たいどう》への直道《じきどう》というべき「直通《ひたみち》」の国であろうか。

「わが同志《どうし》の、万感《ばんかん》の広布《こうふ》の歴史《れきし》は、ここ茨城《いばらき》を見よ！」と叫《さけ》んでいるかのように、今、二十一世紀《せいき》の太陽は昇り始めた。

勝利の楽土・群馬

時代変革の機軸《きじく》は「庶民の力」

一九九九年九月十七日

「私について来給《たま》え、あれらの者《もの》には勝手《かつて》に話《はな》させておき給え、風《かぜ》が吹《ふ》いても頂《いただ》きのゆるがぬ堅《かた》い塔《とう》のように立つのだ」（野上素一訳）

これは、詩聖《しせい》・ダンテが叙事詩《じょじし》『神曲《しんきょく》』のなかで、彼の師《し》の言葉として語《かた》った、有名《ゆうめい》な一節《いっせつ》である。

五十三年前（一九四六年＝昭和《しょうわ》二十一年）の九月、戸田先生は、遥《はる》かな幾山河《いくさんが》を見つめて、戦後初《せんごはつ》の地方折伏《ちほうしゃくぶく》に旅立《たびだ》たれた。
栃木《とちぎ》の那須《なす》方面《ほうめん》と並《なら》び、その大闘争《だいとうそう》の一歩《いっぽ》が印《しる》された、輝《かがや》かしき広宣《こうせん》の舞台《ぶたい》こそ、わが群馬《ぐんま》の桐生《きりゅう》であった。

さらに、これ以後も、幾度《いくたび》となく、群馬に来《こ》られ、自《みずか》ら開拓《かいたく》の尊《とうと》き汗《あせ》を流《なが》されたのである。

「源遠《みなもとお》ければ流長《ながれなが》し」（御書一一八〇ジペー）である。

師《し》の渾身《こんしん》の一念《いちねん》からほとばしった、広宣流布《るふ》の源流《げんりゅう》から絶対《ぜったい》に離《はな》れない。本源《ほんげん》に脈打《みゃくう》つ精神《せいしん》に直結《ちょっけつ》し、同じ心《こころ》で戦《たたか》い続ける――すなわち、師弟不二《していふに》である。

そこに、あの滔々《とうとう》たる利根川《とねがわ》のごとく、永遠《えいえん》なる「創価の大河《たいが》」を開きゆく王道《おうどう》がある。

嬉《うれ》しいことに、このほど、わが創価大学出身《しゅっしん》の友《とも》の尽力《じんりょく》によって、牧口先生の群馬ご訪問《ほうもん》の新事実《しんじじつ》が確認《かくにん》された。

その報告《ほうこく》によると、先生は、学会創立《そうりつ》の五年前にあたる、一九二五年（大正《たいしょう》十

四年）の十月十三日から十六日まで前《まえ》橋《ばし》に出張《しゅっちょう》されている。

これは、先生が校長《こうちょう》を務《つと》めた白金小《しろかねしょう》学校《がっこう》の「学校日誌《にっし》」に記録《きろく》されていたもので、おそらく、前橋で行《おこな》われた関《かん》東連合教育会《とうれんごうきょういくかい》に出席《しゅっせき》するための訪問《ほうもん》であったようである。

さらに、この折《おり》、先生は〝上毛三山《じょうもうさんざん》〟の一つ、榛名山《はるなさん》の山腹《さんぷく》にある伊香保《いかほ》まで足《あし》を運《はこ》ばれた可能性《かのうせい》も高いという。

――伊香保といえば、私にも懐《なつ》かしい土地《とち》である。

あれは、「大阪事件《じけん》」で逮捕《たいほ》・勾留《こうりゅう》された私が、獅子《しし》となりて出獄《しゅつごく》した直《ちょく》後《ご》であったから、一九五七年（昭和三十二年《しょうわ》）の七月下旬《げじゅん》と記憶《きおく》する。

その時、私は、渋川《しぶかわ》・伊香保《いかほ》方面《ほうめん》を訪《おとず》れ、文京《ぶんきょう》支部の班長《はんちょう》さんのお宅《たく》の座談会《ざだんかい》に出席《しゅっせき》した。

夏《なつ》の夜の涼気《りょうき》に包《つつ》まれ、土間《どま》まで人があふれる盛況《せいきょう》のなか、広布《こうふ》の人生《じんせい》のロマンを語《かた》り合ったのであった。

また、一九七三年（同《どう》四十八年）の六月十日にも、私は、伊香保に向かった。

それまで、群馬《ぐんま》の大きな会合といえば、前橋《まえばし》、高崎《たかさき》、桐生《きりゅう》で行《おこな》うのが常《つね》であったが、この日は、全県《ぜんけん》から六千人の同志《どうし》が、榛名《はるな》の高原《こうげん》に集《つど》うのである。

気がかりは、天候《てんこう》であった。

梅雨時《つゆどき》であるうえ、この一帯《いったい》は、『万葉集《まんようしゅう》』にも歌われた〝雷《かみなり》〟で有名《ゆうめい》な場所である。「過去《かこ》七十五年間のうち、六月十日が快晴《かいせい》だったのは、わずかに八回」とも聞いた。ところが、当日は、ウグイスの歌声《うたごえ》も祝福《しゅくふく》する、すばらしい青空《あおぞら》が広がっていた。

感激《かんげき》と決意《けつい》の記念撮影《きねんさつえい》を終《お》えると、応援合戦《おうえんがっせん》もにぎやかなスポーツ大会《たいかい》が始まり、私も、皆と卓球《たっきゅう》に汗《あせ》を流《なが》した。

われらの愛《あい》する郷土《きょうど》を模範《もはん》の楽土《らくど》に！　標高約《ひょうこうやく》一、〇〇〇メートルの高原《こうげん》は、新世紀《しんせいき》の大空《おおぞら》へ響《ひび》けと、六千人の〝誓《ちか》いの天地《てんち》〟となったのである。

伊香保《いかほ》と隣接《りんせつ》する渋川市内《しぶかわしない》に「はるな平和墓苑《へいわぼえん》」が開園《かいえん》したのは、その十四年後（一九八七年＝昭和六十二年《しょうわ》）のことであった。広布《こうふ》に戦《たたか》いし、思い出の宝財《ほうざい》に輝《かがや》く大地《だいち》に、三世《さんぜ》の生命《せいめい》の王宮《おうぐう》が完成《かんせい》したわけである。

その後、草津《くさつ》に誕生《たんじょう》した「群馬多宝研修道場《ぐんまたほうけんしゅうどうじょう》」ともども、不思議《ふしぎ》な意義《いぎ》を感じてならない。

群馬は、北海道《ほっかいどう》から九州《きゅうしゅう》までのほぼ中央、いわば蝶番《ちょうつがい》の軸《じく》の位置《いち》にある。その群馬でも、渋川が真《ま》ん中《なか》になるそうだ。地元《じもと》では、「日本のヘソ」とも言われている。

〝中心軸〟の回転《かいてん》が車輪《しゃりん》を動《うご》かすように、群馬の団結《だんけつ》の同志《どうし》こそ、時代を動かし、堂々《どうどう》たる民衆《みんしゅう》の世紀《せいき》を開きゆく、黄金《おうごん》の車軸《しゃじく》となる使命《しめい》がある。

そのために、一にも二にも、諸天《しょてん》をも動《うご》かす、「ひたぶるな祈り」「勇気《ゆうき》の行《こう》動《どう》」で前進《ぜんしん》していくことだ。

それが、いっさいを勝利《しょうり》へ、幸福《こうふく》へ、広布《こうふ》へと動かす原動力《げんどうりょく》である。

「教主釈尊《きょうしゅしゃくそん》をうごかし奉《たてまつ》れば・ゆるがぬ草木《そうもく》やあるべき・さわがぬ水《みず》やあるべき」（御書一一八七ページ）と、蓮祖《れんそ》大聖人は厳然《げんぜん》と仰《おお》せである。


ともあれ、人生《じんせい》は「戦《たたか》い」があるから面白《おもしろ》い。前進か、後退《こうたい》か。成長《せいちょう》か、停滞《ていたい》か。間断《かんだん》なき、挑戦《ちょうせん》と応戦《おうせん》の連続《れんぞく》が一生《いっしょう》である。

高崎藩士《たかさきはんし》の家《いえ》に生まれた思想家《しそうか》・内村鑑三《うちむらかんぞう》は、晩年《ばんねん》のある日、「人間は放《ほう》っておくと、小《ちい》さく小さく固《かた》まろうとするものだ」と語《かた》っている。

そして、〝自分が順風満帆《じゅんぷうまんぱん》ではなく、世間《せけん》の逆風《ぎゃくふう》との激《はげ》しい戦《いくさ》を戦わねばならなかったのはじつに幸《さいわ》いであった〟と。

要《よう》するに、試練《しれん》の激浪《げきろう》があったから、本物《ほんもの》の人生を築《きず》けたというのである。

群馬《ぐんま》の同志《どうし》は、私とともに、あまたの広布《こうふ》の戦闘《せんとう》をくぐり抜けてきた。冷《つめ》たい〝からっ風《かぜ》〟に胸《むね》を張《は》り、中傷《ちゅうしょう》や迫害《はくがい》の礫《つぶて》をもはね返し、皆様は、毅然《きぜん》と行進《こうしん》してこられた。

同じ戦《たたか》うなら、勇《いさ》んで戦うことである。はつらつと戦えば、いつも若々《わかわか》しい。生命《せいめい》が鍛《きた》えられ、強《つよ》くなる。

そして、強い人は、いっさいを善知識《ぜんちしき》とし、勝利《しょうり》と成長《せいちょう》の糧《かて》にしていける。わが人生《じんせい》を深《ふか》く味《あじ》わい、感謝《かんしゃ》していける。

何ものも恐《おそ》れず、二十一世紀《せいき》へ突《つ》き進《すす》む、皆様の闘魂《とうこん》の瞳《ひとみ》に輝《かがや》くもの——その名《な》は「勝利の楽土《らくど》」群馬である。

長編詩

滝山城址《たきやまじようし》に立ちて

わが親愛なる創価同窓と全国の学生部の諸君に贈る

二〇〇〇年一月

明《あか》るい光《ひかり》が
この天地《てんち》を包《つつ》む
冬《ふゆ》のある朝《あさ》
私は　妻《つま》と二人《ふたり》で
城址に　立った

はるか彼方《かなた》に
白雪《はくせつ》の富士《ふじ》が見える
真《ま》っ青《さお》な空《そら》

すべてが　詩《し》であり
絵《え》であり　音楽《おんがく》である
八王子《はちおうじ》よ！

城下《じょうか》の滝山街道《たきやまかいどう》の先には
知性《ちせい》の殿堂《でんどう》
わが栄《さか》えゆく創価大学が
輝《かがや》いて　見えた
連《つら》なる丘《おか》の　並《なら》びに立つ
優雅《ゆうが》な花《はな》の創価女子《じょし》短大《たんだい》の
学舎《まなびや》も　光《ひか》っていた

この歴史《れきし》の天地《てんち》は
物静《ものしず》かであった
彼処《かしこ》の複雑《ふくざつ》な喧騒《けんそう》は
まったく関係ない
一歩《いっぽ》　踏《ふ》みいれば

一切《いっさい》のものが　静かに
一切のものが　青々《あおあお》として
生々《せいせい》の気に充《み》ちて　美《うつく》しい
素晴《すば》らしい白雲《はくうん》を眺《なが》めながら
いかにも　ひそやかに
いかにも　透明《とうめい》に包《つつ》まれた別天地

もはや　武蔵野《むさしの》には
あの懐《なつ》かしき水車《すいしゃ》も
藁葺《わらぶ》きの家々《いえいえ》も少《すく》ない
されどなお
無限《むげん》の歳月《さいげつ》を乗《の》り越《こ》え
今も残《のこ》されし
美《うつく》しき自然《しぜん》の詩歌《しいか》の宝庫《ほうこ》あり

その名《な》　滝山城址《たきやまじようし》

澄《す》んだ空気《くうき》に抱《いだ》かれて
木立《こだち》のトンネルは続く
落《お》ち葉《ば》の道《みち》は
孤児《こじ》さながらの寂《さみ》しさを
森《もり》に向かって訴《うった》えている

兵《つわもの》どもが祝杯《しゆくはい》をあげ
数多《あまた》の戦人《いくさびと》の
登《のぼ》り下《くだ》りし細道《ほそみち》を
私たち夫妻《ふさい》は
頂上《ちようじよう》に向かった

爽《さわ》やかな緑《みどり》の映《は》える
小《こ》径《みち》の両側《りようがわ》には
歯《は》を食《く》いしばって生き抜く
安心立命《あんじんりゆうめい》を誇《ほこ》るが如《ごと》き
忘《わす》れ得《え》ぬ大木《たいぼく》が　そびえる

千変万化《せんぺんばんか》の植物相《しよくぶつそう》を示《しめ》しつつ
せり上がる丘《おか》の
斜面《しやめん》いっぱいに
織《お》りなす　美事《みごと》な錦繡《きんしゆう》よ！

わくら葉は
深《ふか》い諦《あきら》めの静寂《せいじやく》の道を
敷《し》きつめる

そよ吹く風《かぜ》に　枝々《えだえだ》の葉《は》は
一斉《いっせい》に　ひらめきて
茜色《あかねいろ》の吹雪《ふぶき》と　舞《ま》った

寂《せき》として　人影《ひとかげ》はなく
時に　ふと聞こえてくる
多くの野鳥《やちょう》の曲《きょく》も
心《こころ》を洗《あら》ってくれる
すばしこく鳥影《とりかげ》が走《はし》り
楽《たの》しく生きる鳴《な》き声《ごえ》は
木立《こだち》の奥《おく》へ　遠《とお》く去《さ》りゆく
梢《こずえ》の間《あいだ》から
眩《まばゆ》くにじむ　日射《ひざ》しは

細《ほそ》やかな葉末《はずえ》の
一つ一つの生命《せいめい》に煌《きら》めき
温《あたた》かい慈光《じこう》が
林《はやし》に　ゆきわたる

高い崖《がけ》に　至《いた》れば
はるかに多摩《たま》の清流《せいりゅう》が
銀《ぎん》の糸《いと》を　縒《よ》るごとく
晴《は》れ渡《わた》る大空《おおぞら》は
一片《いっぺん》の薄雲《うすぐも》を飛《と》ばした

その昔《むかし》
声張《こえは》り上げて
もののふたちの行列《ぎょうれつ》が

冬の滝山城址。本丸、中の丸、二の丸、空堀などの巧〈たく〉みな遺構〈いこう〉に、関東屈指の山城の面影が

往《ゆ》き交《か》いし　この道《みち》
ある時は
声《こえ》　高らかに
勝利《しょうり》の歌を　歌いながら
ある時は
疲《つか》れ果《は》てて
再《ふた》びの決意《けつい》を　胸《むね》に

今日《きょう》も　戦《たたか》い
明日《あす》も　守らむと

百千《ひゃくせん》の鎧甲《よろいかぶと》の光《ひかり》と音《おと》が
旭日《あさひ》に　照《て》り輝《かがや》く

最愛《さいあい》の戦友《せんゆう》の君とともに
不敗《ふはい》の人生《じんせい》を　飾《かざ》らむと！

また　ある時は
深《ふか》いため息《いき》を　つきながら
涙《なみだ》もなく　言葉もなく
沈黙《ちんもく》の足跡《あしあと》が残《のこ》りし　この道《みち》

ある時は
戦友《せんゆう》を　毛織《けおり》にくるんで
丁重《ていちょう》に　頭《あたま》の上から
守りながら
決別《けつべつ》を強《し》いられし
戦《いくさ》と人生を綾《あや》なす

この歴史《れきし》の道

荒《あ》れ果《は》てた
幻《まぼろし》の　もののふの
笑《わら》い　さざめいた
彷徨《ほうこう》の　この大地《だいち》

眼《め》に浮《う》かぶ――
春《はる》には
幾千本《いくせんぼん》の桜吹雪《さくらふぶき》
夏《なつ》には
すべてを　託《たく》して揺《ゆ》るがぬ
緑《みどり》の大樹《たいじゅ》が　立ち並《なら》ぶ
秋《あき》には

賑《にぎ》やかに虫《むし》の音《ね》の
素晴《すば》らしき交響楽《こうきょうがく》が
冬《ふゆ》には
生《せい》と真実《しんじつ》を　語《かた》りゆかんと
銀世界《ぎんせかい》の強《つよ》き樹林《じゅりん》——
その四季《しき》の折々《おりおり》に
わが創価の英才《えいさい》が　訪《おとず》れる

ある時は
鋼《はがね》の心身《しんしん》を鍛《きた》える
「滝山城址《たきやまじょうし》コース」の
ランニング場《じょう》として

ある時は

若《わか》きダ・ヴィンチたちの
美《び》の錬磨《れんま》のアトリエとして——
その創造力《そうぞうりょく》ほとばしる絵《え》は
海外《かいがい》へも　出品《しゅっぴん》され
円熟《えんじゅく》の画伯《がはく》たちから
絶賛《ぜっさん》を　博《はく》した創大の秀才《しゅうさい》よ

ある時は
時の経《た》つのも　忘《わす》れ
生涯《しょうがい》の友情《ゆうじょう》を深《ふか》めゆく
語らいの大自然《だいしぜん》の広場《ひろば》

ある時は
世界からの留学生《りゅうがくせい》が

喜々《きき》として
若《わか》き国際親善《こくさいしんぜん》の集《つど》いの場《ば》に

また　ある時は
悩《なや》める心《こころ》を抱《いだ》きて
哲学《てつがく》と思索《しさく》の
思《おも》い出《で》の　わが道《みち》となる

真新《まあたら》しい
創大の本部《ほんぶ》棟《とう》の窓《まど》からも
みずみずしい緑《みどり》の城址《じょうし》を
眼下《がんか》に　一望《いちぼう》できる

私の思いは　つねに

創大生と共《とも》に
同じ道を　歩《あゆ》み
同じ場所に　たたずみ
同じ空気《くうき》を　呼吸《こきゅう》している

そして　私は
創大生を　守り育《はぐく》み
広々《ひろびろ》と　抱《かか》えてくれる
今はなき　城主《じょうしゅ》に
敬意《けいい》の言葉を送《おく》る
「大切《たいせつ》な我《わ》が息子《むすこ》
大事《だいじ》な我が娘《むすめ》が
お世話《せわ》になり、感謝《かんしゃ》！」

創価大学キャンパスと滝山城址（左奥の丘）。かつての「戦争のフォートレス（要塞）」の眼前に今、「平和のフォートレス」が堂々と栄えゆく

いにしえ――
ここは
激戦《げきせん》また激戦の戦場《せんじょう》であった
幾《いく》たびか　風雲《ふううん》動くも
断固《だんこ》と　守り抜いた
難攻不落《なんこうふらく》の名城《めいじょう》
天守閣《てんしゅかく》も石垣《いしがき》もなく
天然《てんねん》の谷《たに》や崖《がけ》を　活《い》かした
関東屈指《かんとうくっし》の山城《やましろ》なるか

わけても　永禄《えいろく》十二年（一五六九年）
小田原《おだわら》の北条攻略《ほうじょうこうりゃく》にのぼる
武田信玄《たけだしんげん》は
滝山城《たきやまじょう》を　途上《とじょう》の血《ち》祭《まつ》りにと

拝島《はいじま》の森《もり》に　陣《じん》を張《は》り
二万の兵《へい》を　差《さ》し向けた

迎《むか》え撃《う》つ　滝山城《たきやまじょう》の将兵《しょうへい》
その数　わずか二千
されど
信玄《しんげん》の目算《もくさん》は　外《はず》れた
「なぜ　落《お》ちぬか」
「何をもたもた　手間取《てまど》るか」

城主《じょうしゅ》・北条氏照《ほうじょううじてる》は　下知《げち》した
「皆のもの　城《しろ》を枕《まくら》に
討《う》ち死《じ》にすべし」
「敵《てき》をして　一歩《いっぽ》も
入《い》らしむべからず」

総大将《そうだいしょう》の氏照が
真《ま》っ先《さき》に　敵に切り込《こ》み
勇敢《ゆうかん》に　陣頭指揮《じんとうしき》を執《と》った

呼応《こおう》しゆく　二千の精鋭《せいえい》の
意気《いき》は軒昂《けんこう》にして
無敵《むてき》であった
「我らの城を　断《だん》じて守らむ！」
「戦《たたか》わんかな！　命《いのち》ある限《かぎ》り」

二《に》の丸《まる》まで
攻《せ》め込まれながらも

断固《だんこ》　持《も》ちこたえた
さらに討《う》って出た兵《へい》は
かの信玄《しんげん》の子・勝頼《かつより》を
完膚無《かんぷな》きまでに　脅《おびや》かした

かの信玄は
遂《つい》に　退却《たいきゃく》し去《さ》った

おお　誉《ほま》れある
滝山城址《たきやまじょうし》よ！
城兵《じょうへい》は「我《わ》が城《しろ》」を
厳然《げんぜん》と　守り抜いた

やがて　氏照《うじてる》は
八王子城《はちおうじじょう》に移《うつ》り
滝山城は
草《くさ》むす廃城《はいじょう》となる

幾百年《いくひゃくねん》の四季《しき》は
巡《めぐ》り　巡りて
底深《そこぶか》い壕跡《ほりあと》には
今も　なお
もののふが　いるが如《ごと》く
屋敷《やしき》の平坦地《へいたんち》は
当時の　そのままに残《のこ》る

武将《ぶしょう》たちが
月影《つきかげ》を　盃《さかずき》に浮《う》かべ

軍鼓《ぐんこ》を　空《そら》に響《ひび》かせた
その往時《おうじ》を　そのままに
数百年《すうひゃくねん》も

ただ　一日のごとく
歴史《れきし》は　ここに歩《あゆ》みを止《とど》め
静謐《せいひつ》なる
緑《みどり》と花《はな》の楽園《らくえん》として
人生《じんせい》と未来《みらい》と平和《へいわ》を
呼吸《こきゅう》している

その滝山城址《たきやまじょうし》と
わが創価大学――
それは　あたかも

兄弟《きょうだい》のごとく　友《とも》のごとく
隣《とな》り合う　絶《た》ちがたき縁《えにし》は
二つの緑の丘《おか》であり
永遠《えいえん》に　歴史と残《のこ》らむ

朝《あさ》の目覚《めざ》めに
同じ陽光《ようこう》が　ほほ笑《え》みかけ
夕《ゆう》べの眠《ねむ》りを
星座《せいざ》は等《ひと》しく　見守《みまも》ってきた
同じ風雪《ふうせつ》を　浴《あ》びながら

晴《は》れた日には
はるか富士《ふじ》の眺望《ちょうぼう》を
仲睦《なかむつ》まじく　分かち合った
過去《かこ》の戦争《せんそう》のフォートレスは

新生《しんせい》の平和《へいわ》のフォートレスを
じっと　見つめていた

創大の建学《けんがく》より　三十星霜《せいそう》
滝山城址《たきやまじょうし》は
一つ　また一つ
広《ひろ》がりゆく学舎《まなびや》の
建設《けんせつ》の槌音《つちおと》に　耳《みみ》を澄《す》まし
若人《わこうど》が　伸《の》びやかに
学《まな》び鍛《きた》え　巣立《すだ》ちゆく
その青春の英姿《えいし》を
温《あたた》かく　見送《みおく》ってきた

彼らが訪《おとず》れ来《きた》れば
悩《なや》みも　悲《かな》しみも　苦《くる》しみも
喜《よろこ》びも　感動《かんどう》も　希望《きぼう》も
すべて　彼らのありのままを
「それで　いいんだよ」と
大きく　うなずきながら
やさしく　包《つつ》んでくれた――

ある時　私は
創大生と　楽《たの》しく語《かた》り合った
「私と君たちは　一心同体《いっしんどうたい》だ
何人《なにびと》も　私たちの間《あいだ》は切れない」
また　ある時は揮毫《きごう》した
「私は君達を　一生《いっしょう》守る

それが　私にとって
最大《さいだい》の幸福《こうふく》であるからだ」
諸君《しょくん》のために　道《みち》を拓《ひら》く
――それが　私のすべてである

「わが人生《じんせい》の晩年《ばんねん》は
ここ八王子《はちおうじ》で　過《す》ごしたい
創大生を見つめ　育《そだ》てながら……」
繰《く》り返《かえ》し　語《かた》ってきた
私の偽《いつわ》らざる心情《しんじょう》であった

わが創大のキャンパスで
もっと　多くの時間を
君たちと一緒《いっしょ》に　過《す》ごしたい

できることは
何でも　してあげたい
創価大学は　私の生命《せいめい》であり
三世《さんぜ》に生き抜く
同志《どうし》であるからだ！

いかなる巨木《きょぼく》も
また　大樹《たいじゅ》も
初《はじ》めは
大地《だいち》の中《なか》の小《ちい》さな胚子《はいし》
全力《ぜんりょく》で　養分《ようぶん》を吸《す》い
たくましい根《ね》を　養《やしな》い
全力で　土《つち》をかき分け

多くの根《ね》を　伸《の》ばし
固《かた》く　大地《だいち》と
結《むす》びついてゆくのだ

そこにこそ
堅《かた》き地面《じめん》を
打ち破《やぶ》りながら
風霜《ふうそう》にも
敢然《かんぜん》と　揺《ゆ》るぎなく
厳然《げんぜん》と　伸《の》びのびと
自己自身《じしん》らしく
高く　高く
大きく　大きく
育《そだ》ちゆくのだ

わが敬愛《けいあい》する
創価の学友《がくゆう》よ
青春は　強《つよ》くあれ！
人生《じんせい》もまた　強くあれ！
徹《てっ》して　断《だん》じて
強くあれ！
そこに
一切《いっさい》の勝利《しょうり》が　あるからだ！
学《まな》び抜け！
徹して　断じて
学び抜け！
そこに

厳《きび》しき現実《げんじつ》の勝利《しょうり》が
勝ち取れるからだ！

一時《いっとき》のはかない感傷《かんしょう》に
決《けっ》して　負《ま》けるな！
汝自身《なんじじしん》の胸中《きょうちゅう》を
制覇《せいは》していくのだ！

自分自身との戦《たたか》いが
これが
現実の人生《じんせい》である
一生《いっしょう》である

ともかく

眼前《がんぜん》の課題《かだい》に
勇敢《ゆうかん》に　知性《ちせい》の英雄《えいゆう》らしく
挑戦《ちょうせん》することだ

焦《あせ》るな
退《ひ》き下《さ》がるな！
前へ　進《すす》むのだ
ただ前へ　進むのだ！

これが
勝ちゆく青春であるからだ
君は　あくまでも　君らしく
君自身の道《みち》を　進めばよい！

建学《けんがく》の精神《せいしん》に　君らしい

それぞれの形《かたち》を　与《あた》え
光《ひかり》あらしめること——
それこそ
私が　期待《きたい》する
君たちの使命《しめい》だ

全国《ぜんこく》の学生部《がくせいぶ》と
連帯《れんたい》しながら
また全世《ぜんせ》界《かい》の
親愛《しんあい》なる学生部と
二十一世紀《せいき》の大舞台《だいぶたい》に
活躍《かつやく》しゆかんことを
夢《ゆめ》見ると
あまりにも

願望《がんぼう》は　大きく
信念《しんねん》が　湧《わ》き立つ！

天《てん》を衝《つ》く杉《すぎ》
つややかな幹《みき》のトネリコ
クヌギ　コナラ　桜《さくら》……
滝山城址《たきやまじょうし》の丘《おか》も　また
百樹千樹《ひゃくじゅせんじゅ》の　それぞれが
個性豊《こせいゆた》かに　佇立《ちょりつ》し
しかも
目に見えぬ　生命《せいめい》の連鎖《れんさ》に
結《むす》ばれている

君たちと——

絆《きずな》も太《ふと》き　兄《あに》や姉《あね》も
必死《ひっし》に　戦《たたか》っている！
母校《ぼこう》を愛《あい》し　誇《ほこ》りとし
母校を　永遠《えいえん》たらしめんと
現実《げんじつ》社会の荒波《あらなみ》に
もまれながら
真剣《しんけん》に　戦っている！
その強《つよ》く輝《かがや》く魂《たましい》が
創立者《そうりつしゃ》には
何よりも　嬉《うれ》しい

創価同窓《どうそう》の友《とも》の活躍《かつやく》を知るとき
どれほど　胸《むね》が弾《はず》むことか
悲《かな》しい知らせを聞くとき
どれほど　胸を痛《いた》めることか

この思《おも》いは
創立者でなければ
絶対《ぜったい》に　わからない

私は
永遠《えいえん》に　諸君《しょくん》と共《とも》にいる！
私は
永遠に　諸君の味方《みかた》である！

しばしのうちに
雲《くも》は　東《ひがし》から西《にし》へと流《なが》れ
林《はやし》の陰影《いんえい》が

少《すこ》し　濃《こ》くなっていた
踏《ふ》みしめる
枯《か》れ草《くさ》の下《した》には
大地《だいち》から　若芽《わかめ》が萌《きざ》し
見上げた木々《きぎ》の枝《えだ》からは
小《ちい》さな固《かた》い芽が
寒風《かんぷう》に耐《た》えながら
今か　今かと
春《はる》を待《ま》ちわびていた
凜《りん》として立つ
並木《なみき》の凱旋門《がいせんもん》の向こうに
真《ま》っ赤《か》な夕陽《ゆうひ》を浴《あ》びて
創大の本部棟《ほんぶとう》が
悠然《ゆうぜん》と　そびえて見えた

春――
それは
西暦《せいれき》　二〇〇〇年の春
武蔵野《むさしの》の丘《おか》に
再《ふた》び　麗《うら》らかな光《ひかり》が充《み》ち
至《いた》るところ　緑《みどり》は息吹《いぶ》き
落花《らっか》紛々《ふんぷん》の桜花《おうか》が　彩《いろど》る
私は　春を待《ま》つ
それは
創価の学友《がくゆう》が

二十一世紀《せいき》の大空《おおぞら》へ
舞《ま》いゆく時！
第三《だいさん》の千年《せんねん》のキャンパスに
新《あたら》しい若《わか》き命《いのち》を　迎《むか》える
胸躍《むねおど》る　開学《かいがく》三十周年の時！
そして
世界《せかい》に　希望《きぼう》の輝《かがや》きを送《おく》る春《とき》！

私は　待《ま》つ
ひたすら　待っている
君たちの成長《せいちょう》を！
君たちの勝利《しょうり》を！
君たちの栄光《えいこう》を！

わが二十一世紀に立ち向かう
創大生の光《ひか》る瞳《ひとみ》を見つめつつ

二〇〇〇年　睦月《むつき》

大空を見つめて

愛する学園の　わが子に贈る

二〇〇〇年二月六日

最後の一歩《いっぽ》まで
断《だん》じて退《しりぞ》くな！
幸福《こうふく》は　前にあるからだ
後《うし》ろに引き下《さ》がる青春は
自《みずか》らの宝《たから》を
捨《す》て去《さ》ってしまうからだ

断じて　前へ進《すす》め！
断じて　前へ歩《あゆ》め！
断じて　前へ行け！
必《かなら》ず　そこには
希望《きぼう》と金《きん》の汗《あせ》と
勝ちゆく鼓動《こどう》
満足《まんぞく》の魂《たましい》の輝《かがや》きがある

強《つよ》い人間には
正義《せいぎ》が光《ひか》る
弱《よわ》い人間には
勝ち抜く力《ちから》がない

二十一世紀《せいき》の舞台《ぶたい》を
躍《おど》り走《はし》る　英知《えいち》の若獅子《わかじし》を
育《そだ》てゆくのが
わが創価学園である

この学園は
青春の精髄《せいずい》を
人間の真髄《しんずい》を
学問《がくもん》の究極《きゅうきょく》を
生命深《せいめいふか》く授《さず》けんとする
世界一《せかいいち》の若《わか》き学舎《まなびや》である

これこそ今までの歴史《れきし》が
物語《ものがた》っている
幾多《いくた》の彼らの事実《じじつ》が
語《かた》り残《のこ》している

「学《まな》ばずは卑《いや》し」との
生き生きとした校風《こうふう》が
この世の知性《ちせい》の太陽となって
煌《きら》めいている

ある偉大《いだい》な外国《がいこく》の教授《きょうじゅ》は

「学園は二十一世紀《せいき》の
模範中《もはんちゅう》の模範の学校なり」と

著名《ちょめい》な日本の教師《きょうし》は曰《いわ》く
「荒廃《こうはい》している学校教育《きょういく》の中《なか》で
奇跡《きせき》に近《ちか》い
理想的《りそうてき》な教育をなさるのは
なんと偉大《いだい》なことか！」

多くの来客《らいきゃく》が
見学《けんがく》に来《こ》られる
ある方《かた》は教師を誉《ほ》め
ある方は生徒《せいと》を誉め
ある方は環境《かんきょう》を讃《たた》え

また　ある人は
登校下校《とうこうげこう》の凜々《りり》しい
礼儀正《れいぎただ》しい紅顔《こうがん》の美少年《びしょうねん》を
誉め讃えてくれている

新世紀の指導者を
育成《いくせい》しゆく
鳳雛《ほうすう》の英知《えいち》の城《しろ》は
東《ひがし》には
富士《ふじ》が見える武蔵野《むさしの》に
また西《にし》には
山と緑《みどり》の関西の交野《かたの》に

その世紀《せいき》の創価の学舎《まなびや》の
春夏秋冬《しゅんかしゅうとう》は
若々《わかわか》しい血潮《ちしお》と
清《きよ》らかな瞳《ひとみ》が
波《なみ》のごとくきらめいている

瑞々《みずみず》しい魂《たましい》
底抜《そこぬ》けに明《あか》るい笑顔《えがお》
打てば響《ひび》く歓声《かんせい》の
花《はな》と咲《さ》く頬《ほお》の色《いろ》

私は　いつも妻《つま》と語《かた》る
「お腹《なか》はすいていないか」
「寒《さむ》くはないか」

「お小遣《こづか》いは足《た》りているか」
「友《とも》だちと仲良《なかよ》くやっているか」
「寂《さび》しい思《おも》いをしていないか」
「悩《なや》んでいないか」

ああ　来る日も来る日も
若き英才《えいさい》たちの姿《すがた》は
私の心《こころ》を離《はな》れない――

創価教育《きょういく》の父《ちち》たる
牧口先生の遺志《いし》は　ここに！
戸田先生の決意《けつい》も　ここに！

牧口先生は　常《つね》に

夢《ゆめ》を広《ひろ》げておられた
「創価教育学《きょういくがく》の学校を
小学校から大学まで」と

その遥《はる》かな構想《こうそう》を
戸田先生は
私に託《たく》された
「偉大《いだい》なる牧口先生の
教育思想《しそう》を
埋《う》もらせてはならない」

「教育しかない
教育なくして
人類《じんるい》の未来《みらい》も幸福《こうふく》も
平和《へいわ》もない」――

一九六八年　春《はる》の四月
緑《みどり》と小川《おがわ》に囲《かこ》まれた小平《こだいら》に
創価中学・高校が
晴《は》れ晴《ば》れと開校《かいこう》した

そして
「創価一貫《いっかん》教育」の構想は
次々と花開《はなひら》いた
創価女子中学・高校
東京創価小学校
関西創価小学校
札幌《さっぽろ》創価幼稚園《ようちえん》

香港《ホンコン》　シンガポール
さらにマレーシアの
創価幼稚園《ようちえん》――

学園の卒業生《そつぎょうせい》は
もはや
政界《せいかい》　財界《ざいかい》　教育界《きょういくかい》
医学界《いがくかい》　法曹界《ほうそうかい》　等々
ありとあらゆる社会の分野《ぶんや》で
すばらしき貢献《こうけん》をしている
世界《せかい》では
アフリカ　北南米《ほくなんべい》
アジア　オセアニア
ヨーロッパ

ロシア　キルギスをはじめ
百数十カ国で
一流《いちりゅう》の使者《ししゃ》として戦《たたか》っている
そして
創価の栄光《えいこう》の名《な》を
燦然《さんぜん》と残《のこ》し綴《つづ》られている

ある日　ある時
ふと　私は妻《つま》に漏《も》らした
「嫉妬《しっと》うず巻《ま》く日本を去《さ》ろう
世界が待《ま》っているから」

その時　妻は
微笑《ほほえ》んで言った

君たちこそ、私の命！――〝わが子〟〝わが娘〟に渾身〈こんしん〉の励ましを贈る。「世界一の学園」から、やがて平和の世紀を担う指導者が陸続と
（東京・八王子市の創価女子短期大学で）

「あなたには　学園生がいます
学園生は　どうするのですか？
きっと　寂《さび》しがりますよ」

そうだ！
そうだ　学園がある！
未来《みらい》の生命《せいめい》たる
学園生がいる！
君たちのためなら
私は
いかなる迫害《はくがい》も
いかなる中傷《ちゅうしょう》も
いかなる試練《しれん》も
まったく眼中《がんちゅう》にない

一九七九年（昭和《しょうわ》五十四年）
せめてもの思《おも》いで訪《おとず》れた
東京校の栄光寮《えいこうりょう》
生徒《せいと》たちに声《こえ》を掛《か》けながら
各部屋《かくへや》を歩《ある》いた
「健康《けんこう》に気をつけてね」
「お父《とう》さん　お母《かあ》さんに
心配《しんぱい》かけないように」

散《ち》らかし放題《ほうだい》の部屋もあった
だが
みな　わが子だ
みな　元気《げんき》だった
みな　若獅子《わかじし》であった
何よりも
師弟《してい》の道《みち》を熟知《じゅくち》している
彼らであった
本当《ほんとう》に会えることが嬉《うれ》しかった

関西校の娘《むすめ》たちを
私は「園子《そのこ》」と愛称《あいしょう》していた
寮に住《す》む一人《ひとり》の園子に
妻《つま》と二人《ふたり》で電話《でんわ》し
激励《げきれい》したこともある
そして
皆への伝言《でんごん》も託《たく》した
「今は会えなくて

寂《さび》しいかもしれないが
みなで仲良《なかよ》く団結《だんけつ》して
強《つよ》い心《こころ》で頑張《がんば》りなさい！」

その年の暮《く》れ
園子《そのこ》たちは
真心《まごころ》の千羽鶴《せんばづる》を届《とど》けてくれた
清《きよ》らかな思《おも》いを込《こ》めて
「学園生は　元気《げんき》です！」と
綴《つづ》られていた

言葉に尽《つ》くせぬほど
あまりにも　愛《いと》おしき
あまりにも　頼《たの》もしき

わが学園生よ！
創価の不滅《ふめつ》の宝《たから》よ！

学《まな》びゆく若《わか》き君たちよ！
やがて輝《かがや》く黄金《おうごん》の翼《つばさ》に乗《の》って
皆と一緒《いっしょ》に！
私も一緒に！
どこまでも高く
どこまでも遠《とお》く
賢明《けんめい》に　賢明に
大空《おおぞら》へと舞《ま》ってゆこうよ！

君たちよ

君たちには

長《なが》い大事《だいじ》な人生《じんせい》が待《ま》っている
断《だん》じて負《ま》けてはならない
これが学園　魂《だましい》だ

平凡《へいぼん》な人生でもいい
無名《むめい》の人生でもいい
社会的に偉《えら》くない人生でもいい
下積《したづ》みの人生でもいい
つまり　自分自身《じしん》の人生を
どう生き抜くかという
心《こころ》の勝利者《しょうりしゃ》になりゆくことだ

負け惜《お》しみを言う必要《ひつよう》もない
弁解《べんかい》をする必要もない
後悔《こうかい》をする必要もない

人類《じんるい》の教師《きょうし》ソクラテスは言った
「正《ただ》しい生活《せいかつ》を送《おく》った者《もの》は
よりよい運命《うんめい》にあずかり
不正《ふせい》な生活を送った者は
より悪《わる》い運命にあずかる」

細《ほそ》くとも
険《けわ》しくとも
草《くさ》むらであっても
凹凸《おうとつ》があっても
泥沼《どろぬま》であっても
自分の

天《てん》から与《あた》えられた「わが道《みち》」を
勇敢《ゆうかん》に進《すす》んでいくことだ

ただ　父母《ちちはは》に心配《しんぱい》をかけるな
友達《ともだち》を大切《たいせつ》にすることだ
社会に絶対《ぜったい》に
迷惑《めいわく》をかけないことだ
後輩《こうはい》たちを
大切にしてあげることだ

生命《せいめい》の究極《きゆうきよく》の法則《ほうそく》たる
信仰《しんこう》を忘《わす》れないことだ
法則を外《はず》れた人は不幸《ふこう》である
法則に生き抜いた人は

最後は　幸福《こうふく》の天地《てんち》に到達《とうたつ》し
所願満足《しよがんまんぞく》の人生《じんせい》を
飾《かざ》ることができるからだ

要領《ようりよう》よき人の行《ゆ》く末《すえ》は
落《お》とし穴《あな》が待《ま》っている
不正《ふせい》に生きる人間の末路《まつろ》は
苦渋《くじゆう》の谷《たに》が待っている
誠実《せいじつ》に生き抜く人の未来《みらい》は
勝利《しようり》の旗《はた》が待っている

だから　君たちよ
勇気《ゆうき》を持《も》て！
誠実に生き抜くことだ！

勇気《ゆうき》とは
誠実《せいじつ》とは
自分の決めた　この道《みち》を
どこまでも貫《つらぬ》いていく
その決心《けっしん》の深《ふか》さだ
その持続《じぞく》の強《つよ》さだ

世界《せかい》は　君たちを知っている
世紀《せいき》は　君たちを見つめている

ゆえに
今は　勉学《べんがく》を！
今は　読書《どくしょ》を！
今は　体力《たいりょく》を！

君の決めた何か一つを！
若《わか》い翼《つばさ》を　鍛《きた》えに鍛えよ

歴史的《れきしてき》に有名《ゆうめい》な
学園「アカデメイア」を創立《そうりつ》した
かのプラトンは
「誰《だれ》か後継者《こうけいしゃ》を残《のこ》さないかぎり
その多大《ただい》な労苦《ろうく》も
束《つか》の間《ま》の　いのちに過《す》ぎない」と

わが創価大学の
存在《そんざい》する八王子《はちおうじ》は
今や学園都市《とし》と言われる如《ごと》く
有名《ゆうめい》な大学等が

数多《かずおお》く結集《けっしゅう》する
その使命《しめい》を同じくする学友《がくゆう》と
創価の学徒《がくと》は
有意義《ゆういぎ》に
人生《じんせい》を語《かた》り
学問《がくもん》を語り
仏法を語り
未来《みらい》を語り合っている
学生部の先輩《せんぱい》が
君たちの広々《ひろびろ》とした道《みち》を
切り開《ひら》いている

高等部の諸君《しょくん》も　成長《せいちょう》している
中等部の皆さんも　光《ひか》っている

少年少女部《しょうねんしょうじょぶ》の若芽《わかめ》も　伸《の》びている

「生命《せいめい》の尊厳《そんげん》」
「人格《じんかく》の尊重《そんちょう》」
「友情《ゆうじょう》の深《ふか》さ・一生涯《いっしょうがい》の友情」
「暴力《ぼうりょく》の否定《ひてい》」
「知《ち》的《てき》・知《ち》性的《せいてき》人生たれ」――
この学園の五原則《ごげんそく》を
断固《だんこ》として実践《じっせん》しゆく人は
みな学園生だ

創価の若《わか》き同志《どうし》は
学園生と一体《いったい》になって
黄金《おうごん》の魂《たましい》の輝《かがや》きを

互《たが》いに照《て》らし合っていく

君たちから　はるか後継《こうけい》へと
脈々《みゃくみゃく》と続く創価兄弟《きょうだい》の
悠久《ゆうきゅう》の流《なが》れの中《なか》に
私の生命《せいめい》は生き続けていく

その成長《せいちょう》を見守《みまも》ることを
最高の命《いのち》の支《ささ》えとして
最大の心《こころ》の翼《つばさ》として
私は世界《せかい》を　翔《か》け続けよう！
君と　君たちと　共《とも》に離《はな》れずに！
永遠《えいえん》に共に！

ルネサンスの巨人《きょじん》
ダ・ヴィンチは言った
「太陽は　決《けっ》して
いかなる影《かげ》をも　見ない」

君たちは
未来《みらい》に輝《かがや》く
若《わか》き英知《えいち》の帝王《ていおう》
天真爛漫《てんしんらんまん》たる
太陽なのである

二〇〇〇年　二月六日

沖縄《おきなわ》にて

随筆　桜の城

発行日　二〇〇〇年六月六日
第二刷　二〇〇〇年六月十日

著　者　池田大作

発行者　白井　昭

発行所　聖教新聞社
〒一六〇−八〇七〇　東京都新宿区信濃町一八
電話　〇三−三三五三−六一一一（大代表）
振替　〇〇一五〇−四−七九四〇七

印刷所　光村印刷株式会社

製本所　大口製本印刷株式会社

＊

定価はカバーに表示してあります